DO AMOR

Do autor:

*A nova ordem ecológica: a árvore,
o animal e o homem*

*Diante da crise: materiais para
uma política de civilização*

Kant: uma leitura das três "Críticas"

O anticonformista: uma autobiografia intelectual
(com Alexandra Laignel-Lavastine)

O homem-deus, ou O sentido da vida

O que é uma vida bem-sucedida?

LUC FERRY

DO AMOR

Uma filosofia
para o século XXI

Tradução
Rejane Janowitzer

3ª edição

Rio de Janeiro | 2024

Copyright © Odile Jacob, maio de 2012

Título original: *De l'amour: une philosophie pour le XXIe siècle*

Capa: Simone Villas-Boas
Imagem de capa: Paul Taylor/Getty Images

Editoração: FA Studio

Texto revisado segundo o Acordo Ortográfico da
Língua Portuguesa de 1990

2024
Impresso no Brasil
Printed in Brazil

Cip-Brasil. Catalogação na fonte
Sindicato Nacional dos Editores de Livros — RJ

F456d
3. ed.
	Ferry, Luc, 1951-
	    Do amor: uma filosofia para o século XXI/ Luc Ferry;
	tradução Rejane Janowitzer. — 3. ed. — Rio de Janeiro:
	Bertrand Brasil, 2024.
	    252 p.; 23 cm.
	
	    Tradução de: De l'amour: une philosophie pour le XXIe
	siècle
	    ISBN 978-85-7432-130-1
	
	    1. Amor — Filosofia. I. Título.

13-03289	CDD: 128.46 CDU: 177.61

Todos os direitos reservados pela:
DIFEL — selo editorial da
EDITORA BERTRAND BRASIL LTDA.
Rua Argentina, 171 — 2º andar — São Cristóvão
20921-380 — Rio de Janeiro — RJ
Tel.: (21) 2585-2070

Não é permitida a reprodução total ou parcial desta obra, por
quaisquer meios, sem a prévia autorização por escrito da Editora.

Atendimento e venda direta ao leitor:
sac@record.com.br

Sumário

Prefácio de *Claude Capelier* 11

INTRODUÇÃO
Breve história do sentido da vida 19

Primeiro fio condutor: uma definição de filosofia
como busca não religiosa de vida boa 22

Segundo fio condutor: como o amor acabou se tornando
a primeira fonte do sentido de nossas vidas 27

A revolução do amor subverte a ideia que temos sobre
o sentido de nossa vida: ela requer uma nova filosofia 30

Longe de afetar apenas a vida privada, a revolução do amor
atinge profundamente as questões públicas 31

Por que as filosofias do passado não nos bastam mais 32

Quatro grandes princípios de sentido sucessivos
precederam a revolução do amor 33

O princípio cosmológico 34
O princípio teológico 36
O princípio humanista 37
O princípio da desconstrução 38

Por que o "sentido da vida" muda segundo as épocas?
Há uma espécie de "lógica" nessa história? De que forma
cada novo "princípio de sentido" integra dimensões
sempre mais numerosas e mais humanas da existência? 41

A arte moderna, liberadora de dimensões esquecidas
da existência 53

De que maneira os grandes princípios sucessivos propostos
para dar um sentido à vida se revelaram, ao contrário de
uma ideia preconcebida, cada vez mais "performantes" 54

A grandeza da civilização europeia reside na sua
cultura de autonomia 56

Podemos "habitar" as antigas filosofias, mas não podemos
compreender o mundo de maneira inventiva insistindo
nos antigos princípios 60

CAPÍTULO 1
A revolução do amor
Um novo princípio de sentido 63

Como o amor se torna o novo princípio de sentido
e de qual amor se trata. Três abordagens reflexivas do amor:
analítica, histórica, filosófica 64

A abordagem analítica ou os três nomes do amor:
eros, philia e ágape 66
A abordagem histórica: como o casamento por amor substituiu
o casamento de razão. As lições da antropologia e da História 75
A abordagem filosófica/fenomenológica do segundo humanismo ou por que
o amor se torna o principal fundamento do sentido de nossas vidas 83

Do amor como fator de sacralização ao amor como vetor
de sentidos 91

Como a revolução do amor é chamada a transformar
radicalmente os desafios coletivos e a vida política 96

CAPÍTULO 2

A política na aurora de uma nova era
Da revolução do amor à preocupação com as gerações futuras 99

O irresistível declínio dos dois grandes focos de sentido
em torno dos quais se cristalizava a política há dois séculos:
a Nação e a Revolução 100

Ao contrário de uma ideia preconcebida, o crepúsculo
dos ideais tradicionais não anuncia o "desencantamento
do mundo", a "era do vazio" nem a "melancolia democrática",
mas, ao contrário, seu "reencantamento" 102

A ecologia é o primeiro movimento político novo a concorrer
com a dominação secular do liberalismo e do socialismo 104

O "segundo humanismo" vai reorganizar todas as grandes
questões políticas sob a égide do novo foco de sentido
que é a questão das gerações futuras 105

As três jaças do primeiro humanismo 107

O cerne da ideia republicana "à francesa": o ser humano
tem direitos, abstração feita de todos os seus enraizamentos
comunitários 109

A dupla historicidade da humanidade 111

Por que o primeiro humanismo traiu parte de suas
promessas 113

As três fraquezas constitutivas da ideia republicana:
o nacionalismo, a ideia revolucionária e o olhar colonial 113

A armadilha do nacionalismo 113

As derivas crônicas do ideal revolucionário 118

*Uma propensão essencial ao racismo cultural que mina secretamente
a concepção republicana da História* 119

Como passamos do primeiro humanismo ao segundo,
que nos fez romper com o racismo colonizador 124

A "desconstrução" dos valores tradicionais permitiu
o advento da ação caritativa e humanitária, bem como
de uma política voltada para as gerações futuras 127

O momento Lévi-Strauss: a crítica do etnocentrismo
e o nascimento de um relativismo radical 129

A sacralização da diferença e da alteridade:
o momento "Foucault-Derrida" 135

Derivas das "filosofias da diferença": das lutas de libertação
ao fechamento comunitário 138

O falso debate dos republicanos "à antiga"
e dos "modernistas" 141

O humanismo do amor reintroduz o sagrado e o longo prazo
na política 144

Duas "ideias preconcebidas" são obstáculo para a tomada
de consciência da revolução do amor 145

As paixões democráticas 151

Da revolução do amor à questão do futuro da Europa 154

Capítulo 3
Sobre o espiritual na arte e na educação 161

A educação e o ensino na era do segundo humanismo 162

O amor tanto traz quanto resolve problemas 162

Da educação ao ensino 163

As três dimensões, cristã, judaica e grega, da educação
europeia: o amor, a Lei, as obras 164

O amor tende hoje a fragilizar perigosamente o respeito
à Lei e o conhecimento das obras 167

O amor é o problema, mas é também a solução 169

A revolução do amor enriqueceu e diversificou consideravelmente as relações que temos com nossos filhos, abrindo a educação a novas dimensões do ser humano 176

O ensino confronta-se doravante com três dificuldades 184

A retomada do analfabetismo funcional 185

150 mil jovens saem por ano do sistema escolar praticamente sem diploma nem qualificação 186

Mais de 80 mil "incidentes graves" por ano registrados em estabelecimentos escolares 187

O que explica os fracassos recentes, senão da escola, pelo menos dos estudantes? 188

"Nem velhos nem mestres": a "sacralização da juventude", contracultura que desvaloriza a cultura escolar 189

O reinado da "criança rei" ou o mito da autoconstrução de saberes: uma "regência" em nome da qual cometem-se muitos erros 191

O erro da "pedagogia do anzol": não é a motivação que precede o trabalho, mas, ao contrário, é o trabalho que precede a motivação 194

É preciso motivar os alunos com atividades lúdicas ou é o trabalho que leva ao conhecimento? 196

Alguns países encontraram uma solução para a "escola em pane": por quê? 200

Que iniciativas privilegiar para superar os problemas atuais da escola? 202

A arte na era do segundo humanismo 205

A arte moderna como arte da desconstrução das tradições 206

Uma "desconstrução" pode esconder uma outra: por trás da ideologia da *avant-garde* está a globalização liberal 209

A beleza e a inovação 213

O que fazer com as dimensões novas da existência liberadas pela arte moderna? 215

A arte popular moderna ensejou, como nenhuma outra
na História, a difusão de uma sensibilidade nova que é
parte da revolução do amor 228

CONCLUSÃO
A morte, única objeção? O amor, uma utopia? 231

A contradição do amor e da morte 232

Que o fracasso das filosofias da morte é patente (...) 234

A tentação religiosa 236

Uma outra abordagem da questão: sentido "na" vida
contra sentido "da" vida 238

Moral e política do amor: em direção a um novo imperativo
categórico 241

Um novo imperativo categórico: "Aja de maneira
a desejar ver as decisões que você toma se aplicarem
também aos seres que mais ama" 244

Prefácio

A crise mundial na qual estamos mergulhados acentuou o sentimento de que o curso do mundo nos escapa, de que os remédios políticos, de esquerda bem como de direita, não conseguem mais atuar sobre a realidade, de que os valores que defendemos adequam-se cada vez menos à nossa maneira de viver. Não podemos mais continuar entregues a essa esquizofrenia ou a essa má-fé que nos fazem pensar o presente segundo as ideias de ontem, manifestamente obsoletas. O objetivo deste livro é primeiramente mostrar por que e como esse longo momento de desordem mental está engendrando, sem que tenhamos ainda tomado consciência, um novo princípio de sentido que vai nos permitir reassumir o controle do nosso destino, reatribuir coerência ao nosso modo de ver o mundo, suscitar ideais nos quais possamos acreditar; é também analisar as profundas modificações que, como consequência, ocorrem concretamente nos grandes domínios da existência individual e coletiva: a família, a política, a educação, a arte.

O discurso público sobre valores republicanos (que não estão mais em discussão, pois todos nós aderimos a eles, da extrema direita à extrema esquerda) está há anos-luz do que agora achamos que são as verdadeiras questões de nossas existências (o futuro de nossos filhos, o homem ou a mulher de nossa vida, o advento de uma sociedade que permita a todos se desenvolver plenamente). Daí o embate sem saída entre, de um lado, os governos que multiplicam as medidas, por certo técnica ou taticamente justificáveis, mas cuja finalidade global ninguém mais percebe, e, de outro, a raiva, o medo, a indignação que se apossam das populações.

Seria má vontade atribuir o erro apenas aos políticos, pois cada um de nós está sujeito a um sintoma idêntico ao deles: como eles, defendemos princípios que não correspondem mais a nossos reais modos de agir. Os mesmos que protestam diariamente contra os fascínios do consumo trocam de iPhone a cada seis meses; os que pregam o retorno dos mestres de jaleco deixam os filhos se exibirem em trajes sumários no Facebook; adeptos dos orgânicos, mas andamos em carrões que nada têm de igualitários. Chamamos isso de "assumir nossas contradições", maneira arrogante de dizer que não assumimos nada, a não ser nossa incapacidade de escolher ideais com os quais estaríamos verdadeiramente de acordo. Em suma, nossas representações não correspondem mais à verdade de nossa experiência íntima, o que nos condena a um "façam o que eu digo, não o que eu faço" generalizado.

Como explicar esse divórcio? Há mais de um século e meio as artes, a filosofia e nossos costumes não param de liberar, depois de valorizar, dimensões da existência humana até então esquecidas, marginalizadas ou reprimidas: a sexualidade, o inconsciente, a parte de feminilidade dos homens ou de masculinidade das mulheres, a infância, a animalidade, a natureza em nós. Baudelaire não foi

Prefácio

o primeiro a "entediar-se até a morte", mas foi o primeiro a fazer disso uma arte, a manifestar toda a riqueza, autenticidade, liberdade de imaginação passível de se revelar nesses momentos de *spleen*. Ele nos abriu assim um campo de que somos os herdeiros. Do livro *O primeiro gole de cerveja* (Rocco, 2000), de Philippe Delerm, às músicas de Bénabar,* do fim de semana no parque de diversões ao "direito de não ser uma mãe perfeita", continuamos a reciclar sua obra, para o melhor e para o pior. O resultado desse movimento (paradoxalmente sucedido e amplificado pelo capitalismo globalizado), que, no entanto, pretendia ser radicalmente antiburguês, foi que os valores privados se tornaram a fonte principal dos valores públicos. Todos os grandes ideais que davam um sentido à vida (Deus, a Pátria, a Revolução) estão hoje fragilizados na Europa; o amor é doravante o único valor no qual todos acreditamos sem reserva. Por isso educação, saúde, assistência às pessoas dependentes, preservação do planeta para as gerações futuras e, de modo mais geral, todas as iniciativas que servem para favorecer a plena realização individual passaram a ser os temas centrais do debate político.

O problema é, justamente, que as grandes categorias de compreensão da vida coletiva de que dispomos não levam em conta essa parte, tornada decisiva, de nossas existências. Nem o liberalismo nem o socialismo ou o nacionalismo integram a vida privada na dinâmica da vida pública. Muito pelo contrário, eles a deixam, por princípio, fora da esfera política. Esclareça-se que isso decorre da preocupação, que é legítima, de garantir a plena autonomia da esfera privada,

---

* Cantor e compositor francês nascido em 1969, cujas letras falam da vida comum com humor e cinismo. (N. T.)

livrando-a da ascendência abusiva dos poderes públicos. Hoje, contudo, o movimento inverso é que deve ser respeitado, uma vez que ficou patente que uma parte crescente dos anseios coletivos inspira-se em novas expectativas comuns que mergulham suas raízes na convergência das aspirações individuais. O que obriga a se reconhecer que foi um erro limitar a política apenas à gestão dos interesses, uma vez que as paixões sempre tiveram um papel determinante. Basta ter lido Shakespeare corretamente para se dar conta.

Em outras palavras, estamos numa dessas épocas de transição, raras, porém decisivas, em que as categorias de compreensão, as referências culturais, tornadas obsoletas, não permitem mais que nos orientemos no curso dos acontecimentos, menos ainda que o reorientemos eficientemente, o que requer uma profunda metamorfose de nossas perspectivas sobre a existência.

Quando conheci Luc Ferry, há mais de vinte anos, nós imediatamente... nos desentendemos! Praticamente sobre todos os assuntos: arte moderna, educação, política... Eu fazia questão que fosse dado um sentido a essas novas formas de existência, que passaram a ocupar o cerne de nossas vidas, ao passo que ele se preocupava, antes de mais nada, em integrar tais novidades em uma reformulação "não metafísica" do humanismo que preservasse as insuperáveis aquisições. Ainda assim, estávamos de acordo sobre o fato de que não podíamos parar por ali e de que as filosofias disponíveis não podiam mais bastar, seja porque não resistiam às objeções de Nietzsche e seus sucessores, seja porque conduziam a um permanente duplo discurso — que consistia, por exemplo, em criticar radicalmente a ideia de que existem valores morais universais e ao mesmo tempo dizer que o vizinho é abjeto, em nome dos mesmos valores.

Prefácio

Depois disso, nos tornamos os melhores amigos do mundo. Ao longo de milhares de horas de discussão, vi esboçar-se pouco a pouco uma filosofia que permite — digo-o e sinto-o — não apenas ultrapassar nossas oposições, como também trazer uma resposta à nossa necessidade de dispor de um pensamento que esclareça de fato o mundo atual e o cerne da vida que nele levamos. Como nenhum de nós tinha má-fé, todas as experiências humanas sobre as quais apoiávamos nossos raciocínios tinham uma parte de verdade. Assim, o objetivo da conversa não era vencer o outro graças a um argumento "sem réplica", mas compreender a razão de nossos desacordos.

Sinto agora que Luc Ferry, em seus últimos livros, conseguiu desenvolver uma filosofia absolutamente original, fundada em um princípio novo que dá um acesso muito mais direto e profundo à nossa experiência do mundo. Pela primeira vez em décadas, para não dizer um século inteiro, propõe-se um fundamento e uma maneira de desenvolvê-lo, que permite construir um verdadeiro sistema filosófico, ou seja, uma maneira de dar real coerência à diversidade de nossas experiências, portanto de dar um sentido de conjunto à nossa vida.

Claro, sempre se pode retorquir, dizer que somos pragmáticos e que devíamos produzir "ideias": por que não, na verdade? Salvo que nada é mais ilusório do que a afetação de puro realismo: a experiência prova que os que pretendem insistir nisso, ao contrário do que afirmam, estão sempre nos dizendo "o que devemos pensar" ou nos repetindo "ideias preconcebidas" que, justamente, já vimos que são infrutíferas. Ao contrário do que muitos imaginam, a filosofia não serve apenas aos filósofos, nem mesmo principalmente a eles. Quando Descartes construiu uma filosofia fundada apenas no "bom senso", "a coisa mais bem partilhada no mundo", e no famoso "penso, logo existo", forneceu um argumento que, até a Revolução Francesa, iria libertar gerações cujos ancestrais vaguearam por muito tempo sem saber se deviam confiar nos mandamentos da Igreja, nos do Príncipe, nos pensamentos de Aristóteles, nas exigências da tradição, nas vontades de um pai ou no livre-arbítrio: basta ler as peças de Molière para ver como os amores dos personagens podiam ser entravados por conflitos de legitimidade. Nesse sentido, Descartes serviu para todos, mesmo para os que não o leram! No século XIX, os limites da visão puramente racional e moral do mundo, que levaram a Revolução Francesa a insuperáveis impasses, conduziram os filósofos a reintegrar níveis esquecidos da existência humana em sua compreensão: a História com Hegel, a Luta de classes ligada às relações de produção com Marx, a Vontade de poder e o Inconsciente com Nietzsche.

É uma revolução comparável a que nos propõe Luc Ferry. Mas essa nova filosofia, me parece, ainda não surgiu em toda sua evidência em parte porque o autor, preocupado com a pedagogia, dá especial importância a muitos outros filósofos, em parte por causa das múltiplas análises (históricas, antropológicas, conceituais) ainda necessárias para fundar a tese. Talvez também porque a ideia de mostrar com o dedo uma solução tão longamente esperada convide à prudência e a uma certa discrição na apresentação do que foi descoberto.

O projeto deste livro é justamente tentar expor da maneira mais clara possível (desta vez sem rodeios nem falso pudor) a nova filosofia para nós tão necessária, e mostrar como ela nos ajuda

Prefácio

a nos orientar melhor no mundo, nos mais concretos domínios de atividade. Como todas as verdadeiras filosofias, não se trata de um capricho "tirado da cartola" que pretendemos impor aos crédulos, mas de um esforço para pensar o que nos anima, no mais fundo de nós mesmos, e para o quê, até então, não tínhamos nem palavras nem visão adequada.

CLAUDE CAPELIER

Introdução

Breve história
do sentido da vida

LUC FERRY — Uma palavra, primeiramente, sobre o título escolhido para o livro. Por que essa homenagem a Stendhal? Claro que hesitei em retomar seu *Do amor* (L&PM, 2007). Temia que o empréstimo parecesse pretensioso demais, de tão elevado que é o modelo. Então entendamos como a expressão de uma dívida admirativa, uma homenagem à confissão de Stendhal que me toca profundamente e da qual me sinto muito próximo: "O amor sempre foi para mim a maior das questões... ou talvez a única!" O que Stendhal quer dizer é que o amor não é só um sentimento entre outros, paixão comum ao lado de outras paixões, como o medo, a raiva, a inveja ou a indignação. É um princípio de sentido novo, princípio organizador de uma concepção inédita da vida boa: ele inaugura uma era nova na história do pensamento e da existência, como tentarei mostrar ao longo destas páginas.

Embora o amor seja provavelmente tão velho quanto a humanidade, embora seja sempre ambivalente, acompanhado de seu contrário, o ódio, sua emergência na família moderna, ou seja, a passagem do casamento arranjado (ou casamento de razão) para o casamento escolhido livremente pelo e para o florescimento do amor (principalmente aos filhos), mudou as cartas de nossa vida, não apenas na esfera privada. A arte e a política também se viram profundamente subvertidas, e é justamente a refração das revoluções da vida privada na esfera pública que quero explorar neste livro. Eis por que, apesar das minhas primeiras reticências, me pareceu óbvio que ele não poderia se intitular senão *Do amor*.

Previno os leitores de que não será imediatamente, mas no capítulo próximo, que analisaremos verdadeiramente o novo princípio de sentido, que, como se diz, "falaremos de amor". Depois, no segundo capítulo, gostaria de discutir o modo como o novo princípio vai mudar radicalmente as cartas no plano mais coletivo e mais público que existe, o da política, a fim de compreendermos bem que não se trata apenas de uma história da vida privada. Em seguida falaremos, dentro da mesma ótica, de arte e de educação.

Mas, nesta introdução, é preciso primeiro caracterizar rapidamente a dinâmica histórica e os aspectos humanos que tornam necessária a mudança de paradigma. É uma etapa indispensável para compreender o que significa verdadeiramente a ideia de um "novo princípio de sentido", de uma "nova definição de vida boa", e que requer uma reflexão filosófica realmente nova. Por isso eu gostaria, à guisa de preâmbulo, de fazer o que não fiz até o presente, mostrar claramente o elo existente entre dois temas principais que desenvolvi nos meus livros precedentes: de um lado, a definição de filosofia como busca da vida boa, da sabedoria ou da espiritualidade laica, ou seja, a ideia de que, como a religião, a filosofia visa definir a vida bem-afortunada para os mortais que nós somos, mas sem passar por Deus nem pela fé; de outro, o que eu chamei de "Revolução do Amor", que acompanha justamente a passagem, na Europa moderna, do casamento arranjado e da família tradicional para o casamento por amor, fundador da família de hoje.

A meu ver, os dois temas são inseparáveis, na medida em que o segundo, que resulta de um formidável avanço do poder do amor como princípio organizador de nossas vidas, vai exigir no plano filosófico, e não mais apenas existencial, novas definições de vida boa, de sentido da vida e de sabedoria convenientes para se chegar a isso. Evidentemente, a história da vida privada não poderia permanecer sem efeito sobre a vida coletiva, pública e até política, e é o que, antes de tudo, quero analisar aqui. Como veremos, a reflexão rompe de tal maneira com os esquemas políticos tradicionais que ainda é difícil de perceber. A tradição liberal e a tradição socialista, duas linhas de pensamento e de ação que dominaram a história da Europa moderna desde a Revolução Francesa, tiveram com efeito dois pontos comuns: o primeiro foi relegar do campo da política nobre tudo que pertencia à esfera privada, à "sociedade civil"; o segundo foi não considerar a política senão como uma forma de gestão de interesses privados em nome do interesse geral, sabendo-se que, como mostrarei no que se segue, as paixões têm com frequência um papel infinitamente mais eminente na História do que os interesses propriamente ditos.

Voltaremos a isso. Mas comecemos por lembrar, ainda que brevemente, no que consiste o primeiro fio condutor de minha reflexão sobre a filosofia.

Primeiro fio condutor: uma definição de filosofia como busca não religiosa de vida boa

Já expus muito claramente esse motivo no meu *Aprender a viver* (Ponto de Leitura, 2010). A filosofia, na realidade, é algo muito diferente do que nos é apresentado a maior parte do tempo nas salas de aula dos colégios. A literatura pedagógica sobre o ensino de filosofia tende a vê-la apenas como arte geral da argumentação, espécie de "método de pensamento", de formação em "reflexão crítica", cujo ideal seria fazer os alunos conseguirem "pensar por si mesmos", se tornarem mais autônomos através de exercícios como dissertação ou comentário de texto. Evidentemente, essa preocupação em nada me choca. É até um excelente projeto. Só que tem mais a ver com instrução cívica inteligente do que com filosofia propriamente dita — com a qual não mantém senão uma relação muito longínqua. Se tivessem dito a Platão, a Epicuro, a Spinoza ou a Nietzsche que eles filosofavam para fazer "dissertações" e "aprender a pensar corretamente", creio que teriam simplesmente morrido de rir! *Philo-sophia* — etimologicamente, "busca" ou "amor" pela "sabedoria" —, palavra que ainda tinha um sentido para eles, como vemos nos aforismos de Nietzsche, a exemplo do intitulado "Por que sou tão sábio"...

O que eu quis mostrar em *Aprender a viver* é que, em toda a tradição filosófica da Antiguidade até Heidegger, passando por Spinoza, Lucrécio, Kant e Nietzsche, a filosofia sempre foi concebida, ao menos entre os maiores, e sem nenhuma exceção, como uma tentativa de definir a vida boa, o bem soberano, a vida bem-afortunada e a sabedoria que leva a ela. Em suma, uma tentativa de responder à grande questão do sentido da vida para os mortais. É o que chamei de espiritualidade laica ou doutrina da salvação sem Deus. Por quê? Porque, diferentemente das grandes religiões, que, contudo, têm o mesmo objetivo em vista — identificar as condições de uma vida boa para os que estão destinados a morrer —, a filosofia tenta indiscutivelmente definir o sentido supremo de nossas vidas, mas sem passar por Deus, sem passar pela fé.

Às vezes me dizem que tal sentido não existe, que a noção de "sentido da vida" não tem sentido salvo do ponto de vista religioso, porque suporia nos colocarmos, por assim dizer, "no exterior", fora da vida, para lhe achar uma finalidade, o que não é possível, a menos que sejamos crentes. De acordo! Mas essa suposição repousa em um sofisma no qual seria vão nos determos por muito tempo. Digamos apenas, para dissipá-lo no caso de vir a perturbar o leitor, que *todas as grandes filosofias se perguntam o que faz sentido em nossas vidas*, o que pode constituir, nelas, o objetivo supremo. Spinoza, principalmente, que por certo não suspeitaríamos de ceder às ilusões do sentido transcendente da vida, insiste todo o tempo: existe para os homens um objetivo supremo proposto pela filosofia, a saber, a salvação e a alegria através da sabedoria e da inteligência. Ele volta ao assunto nas últimas linhas de *Ética*, onde o vemos convencido de ter mostrado a todos os humanos que desejarem segui-las as verdadeiras vias da vida bem-afortunada. Diferentemente do ignorante, que não leu *Ética* nem percorreu as etapas que conduzem ao conhecimento verdadeiro das coisas, o sábio autêntico "não conhece a perturbação interior, mas por ter, graças a uma certa necessidade eterna, consciência de si mesmo, de Deus e das coisas, nunca deixa de ser sábio e de possuir o verdadeiro contentamento. Ainda que a via que conduz ao conhecimento, por mim mostrada, pareça ser extremamente árdua, é possível alcançá-la. E há de ser árdua, dado que é encontrada raramente. Como seria possível, se a salvação estivesse ao alcance de nossas mãos e se pudéssemos alcançá-la sem sofrimento, ser negligenciada por quase todos? Mas tudo que é belo é difícil tanto quanto raro" (parte V, prop. 42).

Onde se vê que, para Spinoza — mas ele expressa aqui uma convicção compartilhada por todos os grandes filósofos —, a filosofia não se reduz absolutamente ao "bem pensar", nem mesmo ao ideal da autonomia. Não que essas duas qualidades não sejam requeridas, é claro, mas elas são apenas condições necessárias, em nada suficientes para filosofar verdadeiramente. Pois a filosofia é, em última instância, não uma arte de dissertar, mas uma doutrina de Salvação laica, uma sabedoria sem Deus, de toda maneira sem Deus no sentido que atribuem a Ele as grandes religiões monoteístas, e sem o socorro da fé, uma vez que é pela lucidez da razão, com os meios de que dispomos, digamos assim, que devemos alcançar a verdadeira sabedoria. Há, pois, de fato, um sentido, uma finalidade assegurada pela filosofia à vida humana.

Como mostrou um grande historiador da Antiguidade, o saudoso Pierre Hadot, nas escolas de filosofia da Grécia antiga, o objetivo não era aprender a dissertar elegantemente sobre noções gerais, produzir dissertações doutas, mas realmente aprender a viver, alcançar a sabedoria. Daí os exercícios práticos impostos principalmente aos discípulos dos estoicos. Mencionei muitas vezes o caso do peixe morto que os discípulos de Zenão, fundador da escola estoica, eram obrigados a arrastar na ponta de uma trela na praça do mercado em

Breve história do sentido da vida

Atenas. O objetivo do estranho exercício de sabedoria? Aprender a zombar do o-que-os-outros-vão-dizer, das convenções "burguesas", e voltar o olhar para a verdade que, com efeito, zomba das regras artificiais. Para alcançar a vida boa é melhor pensar direito, decerto, mas também viver o pensamento, não ficar apenas na teoria.

Reencontraremos esse tema em Schopenhauer, que, no entanto, pode ser considerado o fundador da filosofia contemporânea: apesar de seu famoso pessimismo, no qual insistem leitores apressados e superficiais, o objetivo de sua filosofia é antes de tudo, para além do aprendizado do pensamento, alcançar a vida boa seguindo os princípios de uma "arte da felicidade", de um "eudemonismo", títulos que o próprio Schopenhauer escolheu para reunir suas últimas reflexões.

Seguramente, em toda grande filosofia existe uma parte teórica (o que em geral chamamos de "teoria do conhecimento") e uma parte "prática" (ligada à moral e à política). Por isso nossos canônicos manuais de colégio se dividiam, o mais das vezes, em dois tomos: "O conhecimento" e "A ação".* Mas essas duas partes da filosofia, cuja importância nem por um instante desejo negar, só têm sentido em relação a um terceiro "estágio", cuja análise desenvolvi em *Aprender a viver* e que corresponde sempre à questão da vida boa,

---

* A doutrina propriamente dita da sabedoria ou da salvação sem Deus é, evidentemente, apenas o resultado supremo da filosofia, sua ponta extrema, ou a parte superior, se quisermos, a que coroa de alguma maneira mais dois outros campos cuja importância estou longe de querer subestimar. *Há de início uma parte teórica*, chamada geralmente de "teoria do conhecimento", onde se alinham as diversas tentativas de explicação (empiristas, idealistas, criticistas, fenomenológicas, por exemplo) da capacidade que nos é própria de forjar

da sabedoria, do *sentido da vida* — expressões que devem ser entendidas aqui como equivalentes. Em todos os casos, trata-se de definir o que *faz sentido* em nossas vidas; em outras palavras, captar o que motiva em última instância nossas ações e que justifica por assim dizer nossa existência, às vezes até sem que saibamos — "o que no fundo nos motiva", poderíamos dizer. Eis o primeiro grande fio condutor que eu gostaria agora de unir ao segundo.

---

representações objetivas do mundo e de nossa experiência. É uma parte evidentemente essencial da filosofia, e eu seria o último a negar. Contudo, essa subdivisão teórica continua a ter um elo com a questão da sabedoria, da vida boa: é justamente o que distingue as teorias filosóficas das teorias científicas. Trata-se, certamente, de compreender o mundo, formar sobre ele uma ideia, uma representação, e todos os grandes filósofos utilizam, aliás, para esse fim, os conhecimentos científicos disponíveis em sua época, de astronomia, biologia, física etc. Ao contrário do que às vezes se diz, a maior parte dos grandes filósofos do passado era de bons cientistas, no mínimo bons conhecedores da ciência de seu tempo. É preciso notar que suas teorias do conhecimento consideram as ciências em uma perspectiva original: não se trata tanto de conhecer tal setor particular do real, a biologia viva, as forças e a matéria da física, os planetas da astronomia etc., mas de procurar formular uma imagem global do mundo *como campo de atuação da existência humana*, ou seja, como o campo no qual nossa existência vai se desenvolver: esse mundo é conhecível ou misterioso, favorável ou hostil, bonito ou feio, harmonioso ou caótico, como conseguiremos conhecê-lo etc.? São perguntas que a filosofia antiga se fazia, claramente distintas das preocupações científicas específicas. Assim, como vemos muito bem, por exemplo, entre os estoicos e os epicuristas, há sempre um elo, mesmo na parte mais teórica da filosofia, com a questão central do que pode ser a vida boa para os mortais. Pierre Hadot esclareceu

Segundo fio condutor: como o amor acabou se tornando a primeira fonte do sentido de nossas vidas

O segundo fio condutor é o que está no cerne de meu livro *A revolução do amor* (Objetiva, 2012). Apoia-se em uma análise que pode à primeira vista parecer histórica, mas que é, na verdade, essencialmente filosófica. Pois não se filosofa sobre o nada, ou apenas para dissertar sobre noções gerais. Filosofa-se sobre o real, e por isso sempre me pareceu indispensável enraizar o pensamento filosófico nas ciências naturais tanto quanto nas ciências

---

perfeitamente essa preocupação determinante nas teorias propostas pelos filósofos da Antiguidade. Mesmo na parte teórica, não se analisa o mundo de um ponto de vista absolutamente objetivo como faria um cientista, menos ainda uma simples parte do mundo, como um biólogo se interessa pela vida, um sociólogo pela sociedade, um físico pela matéria ou pela energia. O filósofo tenta explorar todos os conhecimentos disponíveis para poder fazer uma representação global do mundo. O que mostra perfeitamente que o que lhe interessa, mais uma vez, é o mundo em uma perspectiva "soteriológica" (busca da salvação) ou ética: o mundo como campo de atuação da existência humana.

Depois da parte teórica, há também, em toda grande filosofia, uma parte prática cuja importância eu também não minimizo: a filosofia moral e política. No fundo, *a preocupação com a moral não é mais com o campo de atuação, mas a das regras do jogo que vão arbitrar a dinâmica da existência entre os humanos.* Como pacificar os humanos e suas relações uma vez que eles são livres e, portanto, tentados pelo egoísmo, pelo conflito, pela raiva? Mais uma vez, quando olhamos as grandes teorias morais desde o nascimento da filosofia ocidental na Grécia, percebemos rapidamente que elas têm também um elo com a terceira dimensão da filosofia que eu chamo de "a questão da vida boa", a questão da sabedoria e da espiritualidade.

históricas. No caso, minha abordagem da "revolução do amor" apoia-se de início nos indispensáveis e apaixonantes trabalhos de historiadores, como Philippe Ariès, a quem rendo homenagem, além de Jean-Louis Flandrin, Edward Shorter, John Boswell e François Lebrun, que renovaram nossas representações da vida cotidiana nos tempos antigos. Eles fundaram o que se chama de "história das mentalidades" ou "nova história". Em vez de focalizar as grandes batalhas, a diplomacia dos Estados ou as classes sociais, em suma, temas *a priori* "grandiosos", interessaram-se pelo que tecia a existência no dia a dia dos indivíduos comuns nas épocas passadas: como comiam, como morriam, como se casavam, como eram as famílias... À luz das perspectivas abertas por esses historiadores, apaixonei-me pelo que me parece ser a principal fonte da maior revolução que nossas vidas conhecem hoje: a passagem do "casamento de razão", do casamento arranjado (não só pelos pais, mas também pelos vilarejos), ao casamento escolhido pelos jovens, por amor e para o amor. "Para o amor", ou seja, para o florescimento do amor na família, do amor pelos filhos e, mais amplamente, do elo entre as gerações.

A passagem do "casamento de razão", fundamento da família tradicional, para o casamento por amor e para a família moderna é uma longa caminhada que se estende por vários séculos. Começa a se estabelecer no século XVII — já vemos os traços nas peças de Molière, quando filhos se revoltam contra os pais que querem casá-los "à força". Mas só depois da Segunda Guerra Mundial esse novo modelo se universaliza verdadeiramente, primeiro na Europa e depois, mais ou menos, em outras partes do mundo.

Breve história do sentido da vida

Em suma, e é um ponto essencial, o advento do amor como único fundamento legítimo dos casais e das famílias logo ultrapassa o âmbito do casamento e se torna a regra de todas as uniões amorosas, quer as pessoas sejam casadas ou não, quer sejam do mesmo sexo ou não. A reivindicação do casamento homossexual é, nesse sentido, a ponta extrema dessa história que vai acabar de desconectar a união de casais de seus princípios tradicionais: a linhagem, a biologia, a economia. Ainda na minha infância, era muito raro em um meio burguês alguém se casar sem o assentimento do pai: existiam razões econômicas, sociais e patrimoniais evidentes. Evitavam-se os casamentos "morganáticos", as uniões nas quais as diferenças econômicas e sociais fossem muito marcantes. Quanto ao casamento homossexual, unicamente baseado no "direito ao amor", excluídos os motivos biológicos e relacionados à linhagem, não se cogitava sequer em sonho! Tais visões tradicionais, é claro, ainda subsistem, mas esfumam-se pouco a pouco e, ao menos em princípio, todos tendem a reconhecer na nossa velha Europa que o amor, e eu diria até mesmo o amor-paixão (pois, voltaremos a isso, seguramente há variadas formas de amor) tornou-se o primeiro princípio de nossas uniões. Princípio magnífico, mas com frequência problemático: basear a família no amor-paixão é também, digamos desde logo, baseá-la em um solo terrivelmente frágil e instável. O amor-paixão, todos sabem (ou deveriam saber), não dura senão alguns anos. Depois, se o casal quiser sobreviver a seu desaparecimento, deverá transformá-lo em algo mais estável, não um amor irresistível, mas um amor escolhido, construído, elaborado. Uma amizade amorosa, por exemplo, que poderá se estabelecer no decorrer do tempo. A conversão, de todo modo, não é fácil, como demonstra claramente

o fato de que nossas uniões amorosas duram apenas um tempo —
60% dos casamentos por amor terminam hoje em divórcio...

E, assim, é bom que se diga, se o amor dá sentido à nossa vida,
nem por isso sempre a facilita. Daí a dizer que o casamento por amor
fracassou só falta um passo... que eu evitarei de dar: que mulher, e
também que homem, gostaria hoje de voltar para trás, ao casamento
de razão, arranjado pelos pais e os vilarejos? Deixo a cada um o cuidado de responder por si mesmo, mas ao que me parece a resposta
é evidente: apesar de todas as dificuldades que suscita, a união amorosa é a única que nos parece merecer ser vivida — o que, eu insisto,
não foi nem um pouco o caso nos séculos passados.

**A revolução do amor subverte a ideia
que temos sobre o sentido de nossa vida:
ela requer uma nova filosofia**

Se a filosofia culmina em uma "doutrina da salvação", trazendo
à luz aquilo que pode dar um sentido a nossa existência, apesar da
morte, a "sacralização do amor", a que assistimos progressivamente,
modifica a perspectiva e requer uma filosofia nova. O que me leva,
como anunciei anteriormente, a estabelecer pela primeira vez de
maneira explícita um elo entre estes dois temas: a filosofia entendida não como argumentação ou reflexão crítica, mas como busca da
vida boa, de um lado; e, de outro, a revolução do amor, que vai conduzir nossas sociedades a uma nova ideia do sentido da vida, inter-
rogação inédita em relação às definições antigas. O que me interessa,
e que desejo desenvolver de maneira concreta neste livro, é o modo
como a revolução do amor não só vai subverter nossa existência

Breve história do sentido da vida

na esfera privada como também em tudo que diz respeito às questões coletivas e à coisa pública. O objetivo deste livro é precisamente tentar dar as chaves dessa subversão e definir as consequências sobre os principais aspectos de nossa vida individual e social.

Longe de afetar apenas a vida privada, a revolução do amor atinge profundamente as questões públicas

Como acabei de sugerir, o erro que ainda cometem as grandes tradições políticas na França, liberalismo, de um lado, e socialismo ou comunismo, do outro, consiste em achar que as revoluções da vida privada não afetam ou não devem afetar senão a esfera privada e que, no fundo, a política só deve tratar do interesse geral, entendido como regulação dos interesses particulares. Na realidade, a revolução do amor, por mais íntimo que seja o sentimento no qual se apoia, vai metamorfosear todos os domínios da atividade humana, inclusive os mais coletivos.

É isso que eu gostaria que discutíssemos, pois a discussão me parece insubstituível quando se quer explorar uma dimensão nova, ainda não banalizada, da experiência humana. Não que o amor enquanto tal seja novo, obviamente, e eu insisto para evitar um mal-entendido muito frequente: o amor é provavelmente tão velho quanto a humanidade, como também o ódio. Em compensação, nunca tinha servido de fundamento, de princípio organizador único e absoluto da célula familiar, como começou a acontecer na Europa moderna a partir do século XIX. Essa é a novidade que, mais uma vez, não desabrochará de fato senão na segunda metade do século XX, essencialmente no mundo ocidental (o casamento de razão ainda é amplamente a regra em muitas civilizações não europeias). Como a revolução do amor vai ao mesmo tempo dar uma nova definição à vida boa em seu aspecto propriamente filosófico e, em um outro plano, acarretar mutações fundamentais no campo da educação, da arte e da política? São as questões que gostaria de abordar.

Tenho perfeita consciência da dificuldade da empreitada. É sempre problemático captar uma mudança tão radical, uma mutação profunda que transforma sob tantos aspectos nossas representações habituais, sobretudo no âmbito da política. Mas, a meu ver, a questão é decisiva a ponto de merecer que nenhum esforço seja negligenciado. O objetivo deste livro pode, pois, ser resumido claramente, dizendo que se trata de tornar precisos estes dois pontos: de que forma o amor constitui um novo princípio de sentido; e de que forma ele modifica nossas concepções habituais sobre educação, arte e política?

Por que as filosofias do passado não nos bastam mais

CLAUDE CAPELIER — *Para achar uma resposta clara às duas perguntas, é preciso primeiro explicar por que as definições de vida boa dadas pelos grandes filósofos do passado, mesmo que, sob certos aspectos, ainda nos digam alguma coisa, não conseguem mais nossa adesão: não cremos mais nelas, elas nos parecem a anos-luz de nossas aspirações e do mundo no qual vivemos.*

LUC FERRY — Na história do pensamento ocidental (mas não apenas), *quatro grandes princípios de sentido, antes do sentido do amor, dominaram*

Breve história do sentido da vida 33

as épocas passadas. É essencial compreender como os grandes princípios antigos, embora continuem a esclarecer partes importantes de nossa experiência, não servem mais de referências confiáveis para orientar nossos pensamentos e nossos atos. Há nisso um paradoxo, que está no cerne da história da filosofia: é que os princípios de sentido antigo *ainda nos dizem algo*, mas, ao mesmo tempo, *nada mais nos dizem* de verdadeiramente decisivo. Eles nos sensibilizam, às vezes os achamos grandiosos, há até quem decida "incorporá-los", mas ainda assim não podemos deixar de achá-los de algum modo definitivamente relegados ao passado, desconectados do que, hoje, é nossa existência. Para dar desde logo um exemplo fora da filosofia, pode-se amar infinitamente a música de Bach e, ao mesmo tempo, sentir que ela pertence a um tempo que não é mais o nosso. Não é uma objeção, é claro, mas uma constatação que merece reflexão, e que existe de maneira análoga na história da filosofia.

Quatro grandes princípios de sentido sucessivos precederam a revolução do amor

Como caracterizar brevemente os quatro grandes princípios de sentido, em outras palavras, as quatro grandes definições de vida boa, de sabedoria ou de salvação sem Deus (mais uma vez, tais formulações são, para mim, sinônimas) que precederam a revolução do amor de que somos doravante as testemunhas e os atores? O que explica a relativa obsolescência de um princípio ao longo da História e a emergência de um novo paradigma?

O princípio cosmológico

O primeiro desses princípios surge com a *Odisseia*, de Homero, e o relato das viagens de Ulisses: é, se quisermos, o princípio *cósmico*, ou *cosmológico*. Para dizer claramente: o objetivo da vida humana, a finalidade das aventuras de Ulisses, é ir do caos inicial em direção à reconciliação com a harmonia do Cosmo. Ulisses vai da guerra (a famosa guerra de Troia) à paz, do caos à harmonia, do exílio fora de Ítaca, a cidade de que era rei, ao retorno "à própria casa". Na concepção grega de um mundo hierarquizado, onde cada um, segundo o grau de excelência, tem seu lugar determinado, ser arrancado desse "lugar natural" é um sofrimento e uma injustiça, assim como o retorno a ele é um bem, ligado à restauração da harmonia do Cosmo. Ulisses é um rei que deve deixar seu reino e sua mulher, Penélope, para participar de uma guerra atroz: a separação vai mergulhá-lo no caos durante vinte anos. Ele vai levar dez anos para ganhar a guerra e mais dez para voltar para casa. Está permanentemente em busca da harmonia, da reconciliação com o mundo: procura recuperar seu lugar perdido na ordem cósmica. Um pouco como o gatinho ou o cachorrinho que às vezes a imprensa conta que, no fim do verão, se perdeu na estrada e percorreu distâncias inimagináveis para voltar para casa. Ulisses é como o pequeno animal que perdeu o "lugar natural", e que levará vinte anos para voltar para o meio dos seus, a Ítaca.

Talvez agora se compreenda melhor por que o sentido de sua vida é este: a família, a ilha e os que a habitam, os "seus", tudo que teceu sua vida até no sentido mais originário, aquilo com que ele pode ter as relações mais imediatas e mais espontâneas. Onde pode estar plenamente no presente. É uma dimensão muito profunda da sabedoria como *carpe diem*. Durante todo o tempo de sua errância, Ulisses é privado da existência reconciliada com seu mundo; então é obrigado a viver, por assim dizer, somente no futuro e no passado, na nostalgia ou na esperança de Ítaca, jamais no presente de Ítaca, jamais no amor e no gozo de sua ilha e dos seus.

Só quando encontramos nosso lugar natural na ordem cósmica podemos finalmente habitar o presente e deixar a tirania da nostalgia e da esperança que, para os gregos, é a própria negatividade: pois o passado não existe mais e o futuro não é ainda; são figuras do nada e onde Ulisses, durante a guerra, assim como durante a viagem, é obrigado a permanecer o tempo todo, para sua maior desgraça. Desvela-se, não explicitamente, uma magnífica doutrina da salvação, da vida boa, que faz o sentido da vida residir na harmonia com o Cosmo, no amor ao presente, no que Nietzsche chamará de *amor fati*, amor ao que está aqui.

Como sinal do poder dessa sabedoria, Ulisses recusa a imortalidade e a juventude eterna prometidas pela bela Calipso, se ele ficar junto dela, na certeza de que só reencontrando seu reino e seu lugar na ordem cósmica será plenamente ele mesmo, e, não, alcançando um status divino "para o qual não foi feito": prefere uma vida de mortal exitosa a uma existência imortal "emprestada", "imprópria", necessariamente um erro, um fracasso. Insondável profundeza do episódio: longe de visar a imortalidade como uma tábua de salvação, Ulisses quer salvar sua vida de mortal e seu lugar na ordem cósmica. Aceitar "salvar-se" por uma imortalidade que lhe seria necessariamente estrangeira resultaria em trair e mesmo condenar sua existência própria, em renunciar ao lugar que é o seu. Todos os grandes filósofos gregos, sobretudo os estoicos, retomaram essa perspectiva, desenvolvendo-a, é claro, sob formas conceituais e racionais mais explícitas, mas conservando seu fundo filosófico mais poderoso.

O princípio teológico

O *segundo princípio* é mais familiar ao público dos países de tradição cristã, uma vez que está no cerne da mensagem de Jesus Cristo, mesmo que não faça, a tal respeito, senão retomar um tema presente há muito tempo no monoteísmo judeu: a ideia de que as condições da vida boa repousam não mais no acordo com a ordem cósmica, mas na harmonia com os mandamentos divinos. Onde Ulisses procurava sua salvação, sem a ajuda dos deuses e com frequência contra a vontade deles, em um esforço incessante para encontrar por si mesmo seu justo lugar no mundo, as três grandes correntes do monoteísmo nos propõem uma salvação, não mais sem Deus, mas com Ele: a salvação por um Outro (Deus) e pela fé.

A religião vai dominar o pensamento ocidental do final do século IV até o século XVII. A consequência é que a filosofia, durante esse período, perderá a essência de sua autonomia, limitando-se a concentrar seus esforços na análise racional e na interpretação das noções a serviço da fé e do dogma, únicas fontes tidas como legítimas na busca da salvação. É curioso, diga-se de passagem, que essa concepção propriamente escolar, ou *escolástica*, esteja presente, sob forma laicizada, na tradição francesa das aulas de filosofia no ensino médio: como se a única questão fosse, como era o caso na escolástica da Idade Média, discutir ou esclarecer noções, o sentido e a hierarquia de conceitos que estruturam nossa cultura comum.

A resposta religiosa, sobretudo cristã, à questão da vida boa, é, a meu ver, magnífica. Eu já a analisei em profundidade, e com o maior respeito, em vários livros, alguns escritos com eminentes religiosos. Só que ela supõe que se tenha fé. Para quem não tem fé, o melhor é, evidentemente, na minha opinião, voltar-se para a espiritualidade laica que é a filosofia...

O princípio humanista

A *terceira grande definição* de "sentido da vida" surge no Renascimento, ainda que, na filosofia, Descartes, cuja obra é mais tardia, seja o símbolo, ao dar-lhe um fundamento próprio e radicalmente novo: trata-se da revolução humanista, a revolução da subjetividade (do famoso *cogito*, do "eu penso", colocado como fundamento de todo o edifício do pensamento moderno). Ela se estenderá pelo Século das Luzes.

Por que e como fundar no homem, e não mais no Cosmo ou em Deus, a questão da salvação — arrogância que escandalizará os "antigos", que nisso verão apenas *hybris*, desmesura e loucura? Na visão do humanismo moderno, o que distingue o homem de todas as outras criaturas e onde reside seu valor insubstituível, é, doravante, sua liberdade, sua capacidade de "subtrair-se" das determinações naturais, bem como das tradições histórico-sociais: ele não é definido por uma "natureza" que lhe seria própria, nem sequer por uma história da qual seria prisioneiro, mas "cria-se", está em permanente criação através do progresso das ciências e das artes, através da conquista de uma autonomia sempre maior, através do domínio sempre crescente de uma história por vezes revolucionária, que lhe dão os meios de alcançar a busca da felicidade, "uma ideia nova na Europa", segundo as palavras célebres de Saint-Just.

Nessa nova perspectiva propriamente humanista, a vida boa será definida não mais como busca do próprio lugar na ordem cósmica, não mais pela imortalidade que se ganha obedecendo a Deus, mas pela participação na história humana. No fundo, a ideia é que o homem estaria de alguma maneira "salvo", que sua vida estaria por assim dizer "justificada" quando ele coloca sua pedra no edifício do progresso humano. Nas escolas da nossa infância, eram descritos como heróis da epopeia do gênio humano os "sábios e construtores" que, como Condorcet, Pasteur e Hugo, pareciam encarnar o que a liberdade, a razão e a vontade no mais alto nível podiam oferecer de melhor para o avanço de nossa civilização. Media-se a salvação em relação ao próprio progresso da humanidade, não mais em relação ao Cosmo ou a Deus.

Paradoxalmente, embora se tenha passado a uma perspectiva claramente laica, a ideia religiosa de eternidade não se perdeu, longe disso; ela "mudou de base", secularizou-se, por assim dizer. A ela se chegava por outro caminho, gravando "para a eternidade" o nome na pedra dos edifícios republicanos, na biblioteca das escolas e no Panteão, um nome que se torna glorioso pelo que supostamente simboliza em termos de herança legada aos semelhantes, em termos do progresso do conhecimento, da liberdade e da felicidade. Como se vê, o humanismo republicano, mesmo ateu, ainda constitui uma doutrina de salvação, uma religião de salvação terrestre, como se diz. Nessa perspectiva, muitos sacrificaram suas vidas por um combate político, para sustentar uma ideia científica, prova de que viam aí um sentido que, para além da própria morte, dava uma dimensão de eternidade a seus destinos.

O princípio da desconstrução

O *quarto período* inicia-se com Schopenhauer e vai se expandir com Nietzsche e Heidegger: é a época da *desconstrução*, da suspeita

Breve história do sentido da vida

radical em relação a todas as ilusões metafísicas ou religiosas que fundavam, ao menos aos olhos dos "desconstrutores", os outros princípios. *Desconstrói-se* a ideia de um Cosmo que exibe ordem harmoniosa e divina, tal como a de Deus todo-poderoso (é a famosa "morte de Deus" de que fala Nietzsche). Revela-se seu caráter ilusório e enganador, *portanto* prejudicial, até mesmo perverso, uma vez que submetemos nossas existências a tais miragens, em vez de vivermos plenamente. Quando Nietzsche declara que "Deus está morto", acrescenta que se trata de um acontecimento inaudito, sem equivalente na História, uma ruptura que abala radicalmente a condição humana. No mesmo espírito, os discípulos franceses de Nietzsche, Michel Foucault principalmente, anunciam a "morte do Homem", ou seja, a crise do terceiro princípio, a *ilusão metafísica* como concepção humanista de um sujeito inteiramente consciente, livre e racional que trabalha pelo progresso da humanidade, justificando assim sua existência. A imagem do sujeito cartesiano transparente a si mesmo, que transforma o mundo por sua vontade imperiosa, não é senão uma ficção imposta como uma máscara idealista a seres humanos na realidade múltiplos, trabalhados por pulsões inconscientes, por processos econômicos, libidinosos, sociais e culturais que os envolvem e lhes escapam sem cessar.

Nietzsche, luminosamente, definiu a pedra de toque dessas ações "desconstrutoras", que Paul Ricoeur vai chamar de "filosofias da suspeita" e que Nietzsche designa por sua conta sob o nome de "genealogia": a seu ver, qualquer ideal que pretenda se colocar acima da vida empobrece-a (quer seja platônico, religioso, humanista ou revolucionário), pois a reduz ao que ele prescreve em detrimento de todas as potencialidades que ela contém. E, acrescenta, não se pode julgar a vida fora dela, simplesmente porque estamos nela, somos imanentes a ela, não existindo mais nenhuma transcendência, nem no Cosmo nem no céu, nem na história de um progresso animado por sabe-se lá qual ideal futuro.

O que aparece no lugar da metafísica abolida? Que sentido dar à vida, quando todos os valores que de algum modo pretendiam lhe atribuir um objetivo superior e exterior a ela foram postos abaixo? Nietzsche, sem nenhuma dúvida o maior pensador do "pós-humanismo" inaugurado pela desconstrução, propõe uma resposta que, mesmo rompendo com todas as sabedorias anteriores, permanece ainda hoje no centro de nossas representações da existência. A vida, afirma, é plenamente boa sob duas condições: que seja intensa e livre, ou seja, sem ilusões. Intensidade e emancipação são os dois traços essenciais que, doravante, vão pretender definir a vida boa para os mortais. Para intensificar nossa existência no mais alto grau, é preciso juntar e harmonizar dentro de nós as forças vitais. Com efeito, devemos "harmonizá-las", pois, em conflito, elas se mutilam reciprocamente e nos enfraquecem. Assim, Nietzsche aborda um tema caro a Spinoza: na intensificação das forças vitais reside a verdadeira alegria, e na sua diminuição jaz a tristeza. O critério supremo que permite avaliar a alegria suscitada em nós pela harmonização das forças vitais, responsável pelo sentimento de liberdade e intensidade da vida e cujo modelo está na criação artística, é desejar reviver indefinidamente os episódios da existência que tivemos. Tal é o significado da doutrina do *eterno retorno*. Por aí se vê que Nietzsche, por princípio inimigo de qualquer "doutrina da salvação", encontra ainda assim um elo com o eterno que, no cerne da existência, imanente à vida, confere um sentido à vida, mostra uma direção a ser buscada, uma sabedoria ou uma ética, por vezes bem próxima à de Spinoza.

Evocando esse pensamento tão profundo e paradoxal, compreende-se por que Nietzsche explicava à amiga Lou Salomé como as verdades que ele descobria no alto das montanhas, na solidão gelada dos cumes nevados, não podiam ser completamente expressadas, por que elas eram tão difíceis de compartilhar dado seu caráter corrosivo, para não dizer assustador...

O que hoje estamos vendo, e a isso me referi ao começar pela confissão de Stendhal, é que entramos, por motivos ao mesmo tempo filosóficos, históricos e antropológicos, em um *quinto mundo, um quinto princípio trazido pela nova definição de vida boa como vida sensível ou amorosa.* Vida boa é a vida na qual tenha havido amor, bem-sucedido ou malsucedido, na qual o amor tenha transfigurado a vida cotidiana e dado um sentido à existência. Tal enunciado parece tão banal que, evidentemente, precisa ser explicitado...

Por que o "sentido da vida" muda segundo as épocas? Há uma espécie de "lógica" nessa história? De que forma cada novo "princípio de sentido" integra dimensões sempre mais numerosas e mais humanas da existência?

CLAUDE CAPELIER — *Antes de chegar lá, dois pontos ainda devem, a meu ver, ser esclarecidos, sem o que não podemos compreender perfeitamente a sucessão histórica dos quatro princípios que você acabou de esboçar, nem o advento do quinto.*

Para começar, a apresentação cronológica das sabedorias sucessivas não basta: é preciso também explicar por que se passou de uma à outra. Por exemplo, durante a Idade Média, a difusão de novas técnicas, a diversificação das relações mercantis, dos ofícios e dos papéis sociais induziram modos de vida para os quais a teologia, sozinha, era impotente para fornecer um arcabouço de sentido adequado. Então, filósofos como Averróis, Maimônides e Tomás de Aquino integraram um certo número de aportes da filosofia antiga (aristotélica, em particular) para construir um pensamento melhor adaptado ao novo contexto. Em um primeiro tempo, eles recuperaram, por assim dizer, o controle, filosoficamente falando, sobre as coisas; mas em seguida ficou claro que eles tinham também cavado, involuntariamente, o túmulo de suas teorias, porque os humanistas iam descobrir que a abertura aos novos modos de vida tinha resultados muito mais diretos e convincentes se fosse fundada não mais em Deus, mas na liberdade do homem. Do mesmo modo, depois que os desvios da Revolução Francesa mostraram as insuficiências da visão racional e moral do Iluminismo, os filósofos do século XIX a ampliaram para comportar as dimensões subjacentes e inconscientes da vida humana cuja medida correta ela não captara: a "astúcia da razão" histórica com Hegel, a luta de classes induzida pelas relações de produção com Marx, a vontade de poder com Nietzsche. Em suma, deve-se captar aquilo que, na evolução das condições históricas e das representações, induz a passagem de um princípio de sentido a outro.

Em seguida, perderíamos de vista um aspecto essencial da dinâmica dessa "breve história do sentido" se não acentuássemos que ela traduz uma verdadeira progressão, embora a progressão se faça ao sabor de mudanças imprevisíveis de direção que não têm a coerência nem a unidade dialética que Hegel postulou; o avanço por etapas combina dois movimentos complementares: de um lado, opera a identificação de dimensões da vida humana até então esquecidas, marginalizadas ou reprimidas (cada novo princípio integrando-as mais do que o precedente); de outro lado, o avanço vai, de alguma maneira, do mais "exterior" e "abstrato" (harmonia do Cosmo, Deus) ao mais "interior", ao mais "imediato" (nossas pulsões inconscientes, o cotidiano, a natureza em nós, o amor). O ponto essencial é que integramos sempre mais dimensões ao mesmo tempo. Se voltarmos ao primeiro princípio, por exemplo, tudo que dá sentido à vida humana pertence à ordem cósmica, independentemente da existência dos homens. Já no segundo princípio, o das grandes religiões monoteístas, integram-se disposições muito mais pessoais: o crente tem uma relação individual com Deus. Em seguida, no humanismo, a possibilidade de liberdade individual passa a ser a base do sentido da existência humana, porque é o que faz a História. Por fim, na fase de desconstrução, potencialidades deixadas completamente fora do campo do sentido da vida são incorporadas: a sexualidade, a feminilidade, a infância e até a loucura ou o tédio. Perscrutando-se "sob a desconstrução", e é o que você vai desenvolver, percebe-se que, sob as possibilidades da vida humana liberadas em desordem e, como teria dito René Char, "em arquipélago", há um sentimento comum que lhes confere coerência: o único sentimento que pode mobilizar todos os meios, que é capaz de "sacralizar" os traços e manifestações humanas mais variados, é evidentemente o amor. Ao conferir unidade ao conjunto da experiência humana sob uma forma ampliada, torna possível um segundo humanismo que não cai nas interdições, nas prevenções e no imperialismo do primeiro.

LUC FERRY — Sim, a história do sentido tem um sentido. Vai do mais transcendente (o Cosmo) ao mais humano (o amor), passando por um *dégradé*: um Deus pessoal, que já é mais humano do que o Cosmo, um sujeito livre e consciente, depois um sujeito dividido, cujas novas dimensões serão levadas em conta, dimensões de que o humanismo racionalista do Iluminismo se ocupava muito pouco e muito mal.

Uma pequena observação de passagem, apenas anedótica: frequentemente se disse (é um dos grandes argumentos do ceticismo) que a pluralidade das filosofias invalida a filosofia. Uma vez que todos os filósofos defendem teses diferentes, conclui-se que não se pode dar credibilidade à filosofia. Hegel já respondeu muito bem a essa objeção, inscrevendo a sucessão de filosofias em uma dialética histórica da vida do Espírito. Pode-se dar uma resposta diferente, dizendo mais simplesmente, para que nos compreendamos, que a história da filosofia não se parece com a história das ciências, mas muito mais com a história da arte.

Assim como as artes antigas não deixaram de ter efeito poderoso sobre nós, as filosofias antigas nos falam. Pode-se muito bem gostar ao mesmo tempo de arte românica, arte da Grécia antiga e arte contemporânea; não é incompatível; de maneira comparável, pode-se "habitar" filosofias de épocas diferentes, por mais opostas que pareçam. Tenho amigos que ainda apoiam bastante seus pensamentos nos pensamentos dos filósofos gregos; conheço grandes pensadores cristãos; tenho muitos conhecidos que são grandes republicanos, kantianos que vivem verdadeiramente no humanismo do Iluminismo e sustentam que ele representa a insuperável realização da filosofia. Tenho também colegas nietzschianos, ou totalmente heideggerianos, ou próximos de Derrida, que insistem em levar cada vez mais longe o trabalho de desconstrução de nossas representações metafísicas, a seu ver ilusórias.

Em suma, mais do que nunca, pode-se hoje "habitar" as filosofias mais variadas, seja qual for o momento da História em que foram concebidas, e é o que provoca por vezes o sentimento de que a filosofia contemporânea caiu no ecletismo. Afinal, por que dar preferência à última teoria publicada? Aquele que deu a última palavra tem, *ipso facto*, razão? Por um lado, essa nova abertura para a pluralidade das interpretações traduz, ainda que de forma insatisfatória por ser incapaz de chegar a uma sínteses coerente, nosso real interesse por uma maior diversidade de relações possíveis com

Breve história do sentido da vida

a existência; por outro lado, a filosofia que conseguir desenvolver com profundidade um novo princípio de sentido mais conforme com essa diversidade inédita terá necessariamente, a meu ver, superioridade sobre as outras.

Pois eu creio que é possível, se partirmos da seguinte consideração: na história dos grandes princípios de sentido, foram sendo progressivamente integradas, em cada um dos grandes momentos da filosofia que se sucederam ao longo do tempo, dimensões do humano que não tinham sido levadas em conta, ao menos suficientemente, nos momentos anteriores. Portanto, a lógica dessa história é que, de alguma maneira, ocorre uma humanização progressiva do pensamento. Lógica que, sem ser hegeliana, é muito profunda.

Estranhamente, veremos que ela está ligada à questão da morte, que, como pano de fundo, comanda sempre a busca da salvação. Hoje hesitamos em imaginar — somos tão críticos em relação ao hegelianismo e ao marxismo que isso nos parece impossível — que possa haver algum progresso nessa história. Parece agora uma ideia totalmente ingênua: "Nós já encerramos com o hegelianismo e o marxismo", repetimos com a ironia definitiva dos que não se deixam enganar, dos que não se deixam limitar por infantilidades. Creio que é um erro. Provavelmente, podemos e devemos repensar a ideia do progresso, concebê-la de modo diferente dos grandes filósofos da História que foram Hegel e Marx, mas ela não perdeu, a meu ver, todo o significado: convém simplesmente escolher um fio condutor diferente daquele que eles utilizaram.

A descoberta do novo fio condutor atende a três considerações, para mim essenciais. A primeira é que, nessa história, *vamos sempre na direção do mais humano, de mais humanidade.* Sem cessar, levamos em conta novas dimensões do humano até então negligenciadas, segundo uma visão mais ampla do que a das épocas precedentes. A segunda consideração é que *as doutrinas da salvação são, por assim dizer, cada vez mais "performantes", no sentido de que são cada vez mais acreditáveis.* Terceiro ponto: *a relação com a morte muda.* Salvar-se, na filosofia como na religião, vê-se muito bem em toda a tradição filosófica, de Platão a Schopenhauer, passando por Epicteto, Epicuro, Spinoza ou mesmo Kant (com seu famoso "O que me é permitido esperar?"), é, antes de mais nada, salvar-se da morte, ao menos do medo da morte.

Como ligar os três fios? Essa questão abre novas perspectivas fascinantes, realmente abissais. Quando consideramos a primeira resposta, a resposta cosmológica, constatamos que o Cosmo domina absoluto sobre a humanidade, que só encontra fora de si mesma o princípio de seu destino. Ulisses é descrito na *Odisseia* como aquele que cumpre um itinerário do caos até o Cosmo. Essa é a ideia central. As questões que hoje nos preocupam na existência humana, quer estejam ligadas ao caráter único do indivíduo, à insubstituível singularidade revelada pelo amor, à sua liberdade, aos projetos sociais ou políticos inovadores, à educação dos filhos ou à igualdade social, estão ausentes ou relegadas a segundo plano. A questão cosmológica prevalece amplamente.

Se procuramos saber a relação com a morte que está por trás da doutrina da salvação, descobrimos que tem a ver com a seguinte ideia, cujas implicações os estoicos, como bons herdeiros de Homero, desenvolveram incansavelmente: salvamo-nos da morte ao compreendermos, uma vez reconciliados com a ordem cósmica eterna, que nos tornamos um fragmento de eternidade. "A morte", diz Epicteto nesse sentido, "não é senão uma passagem". Trata-se

Breve história do sentido da vida

de uma espécie de misticismo cósmico, uma vez que, no final do percurso, tornamo-nos nós mesmos um fragmento de Cosmo e, como tal, uma espécie de átomo de eternidade. A morte não é mais do que a passagem de um estado a outro, de um estado consciente a um estado inconsciente, mas nada se perde, nada se cria: fundimo-nos no Cosmo, e é um modo de responder ao medo da morte. Não tenham tanto medo da morte, diz o estoicismo no fundo, pois a morte não existe de fato.

A fraqueza dessa primeira grande "doutrina da salvação" é que a promessa de eternidade que ela nos faz não nos "salva" senão de forma anônima. Quando morremos, nos tornamos parcela do Cosmo, nos tornamos poeira. Reles consolo! Claramente sublinhando essa fraqueza, calcando-se nela, o cristianismo vai tentar oferecer uma doutrina de salvação mais "tentadora"...

CLAUDE CAPELIER — *Além do mais, a doutrina da salvação estoica só vai servir como consolo para as pessoas que se consideram, em vida, elos anônimos de uma ordem que as ultrapassa e que, só ela, as justifica. Nessa sabedoria, a morte não é nada, certo, mas... nós também não! Salta aos olhos em Homero: por mais maravilhoso, rico e poderoso que seja o relato, os personagens não passam de entidades. Mesmo quando lhes são concedidos traços de caráter, só têm valor por serem genéricos, cósmicos: desempenham um papel em relação a outros traços de caráter dentro de um sistema de harmonia. A única marca pessoal que um herói pode deixar no mundo é sua glória, a qual, precisamente, faz de seu nome e de sua história um arquétipo de uma das manifestações grandiosas da ordem cósmica dentro da qual ele, por assim dizer, se funde completamente.*

LUC FERRY — O melhor exemplo do caráter genérico dos personagens da mitologia é o panteão grego. Como mostra muito bem

Jean-Pierre Vernant, os deuses gregos não são pessoas de verdade, são apenas partes do Cosmo. De certa maneira, quando a filosofia tomar o lugar da mitologia, ela simplesmente vai transformar o que a mitologia considerava entidades divinas em elementos cósmicos. Urano é o céu. Gaia, a Terra. Pontos, os rios. Tártaro, o subsolo etc. Não são pessoas, mas partes do Cosmo. É um universo onde o humano tem, por certo, um papel destacado, porém de pequena importância em comparação com o conjunto indissoluvelmente cósmico e divino.

A esse respeito, o contraste é patente com a concepção cristã, que vai substituir a salvação anônima proposta pelos filósofos da Antiguidade por uma salvação pessoal. Vemos a mesma ideia nas religiões judaica e muçulmana, mas é ainda mais flagrante na teologia cristã: Jesus é um homem e se dirige a homens. É o homem-Deus por excelência. A promessa trazida pelos Evangelhos, sobretudo no episódio da morte de Lázaro, é que a ressurreição não é somente uma ressurreição das almas, ela é também uma ressurreição dos corpos, uma ressurreição das pessoas "completas", por assim dizer. Jesus anuncia que nós vamos encontrar os que amamos após a morte, corpos e almas. Com uma questão teológica que pode parecer estranha: com que idade e com que rosto? A resposta é a dos "corpos glorificados": nós vamos encontrar os que amamos com o rosto do amor, os olhos, a voz, o sorriso que amáramos. Não se trata mais de uma doutrina de salvação anônima, mas de uma ressurreição personalizada e personificada, consciente de si mesma no Paraíso, no Reino de Deus.

O terceiro princípio, o advento do humanismo, ainda vai acentuar a valorização da experiência humana e "sacralizar" dimensões mais numerosas. Finalmente se chega a uma visão do mundo na qual

Breve história do sentido da vida

o homem está no cerne do sistema. Não é mais o Cosmo, não é mais Deus, é o homem que importa em primeiro lugar. Deparamo-nos então com um obstáculo temível: se o valor supremo reside na própria vida dos homens, que perspectiva de eternidade e de salvação dar a eles, uma vez que estão destinados a morrer? Vimos como foi necessário "bricolar" a teoria, da qual não gosto e que foi ridicularizada por Kierkegaard, dos "sábios e construtores" contribuindo com sua pedrinha para o edifício do progresso, para tentar imaginar um *"ersatz"* de eternidade e salvação, depois que o homem foi colocado no centro da questão do sentido da vida.

CLAUDE CAPELIER — *Poderíamos dizer, em resumo, que a "doutrina humanista da salvação" tem um ponto fraco e um ponto forte. Por um lado, sua promessa de imortalidade, é preciso reconhecer, é bastante "minimalista": inscrever o nome na História, em monumentos, participar do progresso com obras ou atos é uma maneira bem abstrata e tênue, um pouco insignificante até, de sobreviver à própria morte. Por outro lado, o humanismo é incomparavelmente mais poderoso do que as visões de mundo às quais sucedeu, porque ele "sacraliza" e, por conta disso, "salva" dimensões da vida humana notoriamente mais numerosas. De um ponto de vista humanista, tanto a liberdade potencial presente em todos os indivíduos confere a eles igual dignidade, quanto são múltiplos os motivos que podem justificar o reconhecimento das gerações futuras. Porque fomos uma mãe de família excepcional, porque fomos um herói que defendeu a pátria, porque fomos um poeta maravilhoso, ou mesmo um humorista fora de série... É diversa a ideia que fazemos do que é humanidade e do que merece sobreviver na memória dos homens. E, no caso, nunca foi tão diversa.*

LUC FERRY — E muito mais diversa, com efeito, pois a ênfase é nas obras humanas, que são infinitamente variadas: com efeito, podemos ser reconhecidos e salvos quase do mesmo modo por sermos um grande ator quanto por sermos um grande resistente, grande músico ou grande político. Mas também por sermos um simples cidadão que "fez seu serviço", a mãe de família que criou os filhos, o bom professor que educou seus alunos ou que, como o de Camus, modificou seus destinos... O que é valorizado, como função de eternidade, é a obra entendida como uma "pedra do edifício" do progresso, como um momento da História...

Evitemos aqui um mal-entendido: é claro que poderíamos mostrar que, por trás ou ao lado de todas essas evoluções do pensamento, na esfera do sentido e da salvação, há grandes mutações científicas, econômicas, sociais e políticas. Não é minha intenção defender uma história das ideias "idealista" contra uma história materialista que, como a de Marx, passaria por uma análise dos processos econômicos e sociais que contribuem para a formação de nossas representações culturais: tudo caminha junto, na verdade. Além disso, terei oportunidade de mostrar mais adiante o quanto a globalização liberal intensificou a "desconstrução dos valores tradicionais" e favoreceu, indiretamente, o primado do amor como fundamento dos casais e das famílias. Mesmo que nos limitemos por enquanto à história das ideias, veremos que se caminha na direção de doutrinas da salvação ao mesmo tempo mais humanas e, eu ousaria dizer, mais "performantes", e mais performantes porque mais humanas, portanto mais dignas de crédito para nós.

Desse ponto de vista, o período seguinte, o quarto, portanto o da "desconstrução" das ideias, valores e costumes tradicionais, surge como uma formidável amplificação da dinâmica de humanização e valorização das potencialidades até então negligenciadas do humano. Nesse ponto, se hoje tivesse de reescrever

Breve história do sentido da vida 51

Pensamento 68 (Rio de Janeiro, Ensaio), eu formularia as coisas um pouco diferente do que fizemos em 1985 junto com Alain Renaut: pois, de certa maneira, poderíamos ler os pensamentos de Schopenhauer, Nietzsche, Heidegger e seus epígonos franceses não apenas como um anti-humanismo, mas ao menos como consumação paradoxal do humanismo do Iluminismo, do humanismo inicial que foi o humanismo republicano.

CLAUDE CAPELIER — *Nietzsche se apresenta, aliás, repetidas vezes, como um continuador do Iluminismo que, mais consequente do que os humanistas, vai até o fim da lógica trazida pelo Iluminismo para virá-la contra o próprio Iluminismo.*

LUC FERRY — Sim, é o tema que ele desenvolve sobretudo no prefácio de *Aurora*, dizendo-se de fato herdeiro do Iluminismo e acrescentando que Voltaire e os enciclopedistas pararam no caminho, na crítica, e que ele, de certo modo, apenas prosseguiu o trabalho de demolição iniciado por eles. Qual é o resultado da operação? A transcendência é removida. A transcendência do Cosmo, a transcendência de Deus, do Sujeito, da História e do Progresso. Nietzsche e os desconstrutores tentam, cada um à sua maneira, desenvolver uma doutrina da salvação radicalmente imanente à vida, ao que ela tem de "humano, excessivamente humano", à vida simplesmente. A vida bem-sucedida, para Nietzsche, é a vida intensa e livre, não é mais aspiração a outra coisa que não seja a vida, nem sequer uma contribuição para o "progresso". E, sobretudo, que se viva esta vida sem reservas, pois não existe nenhuma outra depois. Não existe além, Cosmo, Céu, nem amanhãs gloriosos. Não deixemos para depois a questão da salvação: é aqui e agora. De novo, Nietzsche se aproxima, quanto a isso, de Spinoza. A salvação está na imanência, não na transcendência.

Evidentemente, ao mesmo tempo, temos o meio de diversificar mais a salvação humana, já que podemos ir além das obras. A questão não é mais ser um grande homem (por mais variadas que possam ser, como vimos, as encarnações). O século XX, que Nietzsche inaugura na filosofia, irá muito mais longe no propósito de levar em conta a pluralidade das dimensões da existência humana. A desconstrução das ilusões metafísicas, das ilusões cosmológicas, das ilusões religiosas, do próprio humanismo e sua mitologia do progresso, vai permitir, com efeito, libertar aquilo que, no ser humano, era até então guardado em segredo (que vai ser o principal objeto da arte moderna). Explodem-se as limitações inerentes ao primeiro humanismo, que ainda era um humanismo da razão e dos direitos, um humanismo que reduzia o sujeito humano ao âmbito dos direitos do homem e da racionalidade. O Iluminismo simboliza a exigência focalizada nos direitos do homem, na democracia e na república, por um lado, e a razão e a ciência, por outro. A era da desconstrução vai liberar dimensões da existência que ultrapassam inteiramente a dimensão jurídico-racionalista: a saber, como você dizia, o inconsciente, o irracional, o animal em nós, a feminilidade dos homens, a virilidade das mulheres, tudo que tem a ver com o sexo e o corpo, inclusive em suas dimensões mais desprezadas pela tradição. Assistimos a um alargamento sem precedentes de nossa visão da experiência humana, na qual a intensidade e a liberdade se tornam as duas palavras-chave.

A arte moderna, liberadora de dimensões esquecidas da existência

O novo romance (do qual, aliás eu não gosto, mas pouco importa no caso) é um ótimo exemplo do espírito de liberação, na narrativa, de dimensões não racionais e não conscientes da vida interior. Suas formas adaptam-se ao fluxo da vida interior que não obedece nem à lógica da intriga nem à da cronologia, nem à da psicologia dos personagens. A "corrente de consciência" de alguém que está dentro de um trem ou do metrô, com a cabeça apoiada na janela e vê desfilar todo tipo de coisas durante a viagem, todo tipo de lembranças também, torna-se objeto de uma narração que nenhum romancista da tradição "republicano-humanista" teria levado em conta. Os filósofos da desconstrução (Schopenhauer, Nietzsche e Heidegger, assim como, nas ciências sociais, Freud e Marx) propõem novas maneiras de pensar essas dimensões do inconsciente, do irracional, finalmente liberadas.

A arte moderna e contemporânea (que, em geral, por outras razões, só raramente me entusiasma — voltaremos a isso) inscreve-se na mesma dinâmica de desconstrução dos princípios e formas tradicionais que prevaleciam nas obras de épocas anteriores. Desconstrução da tonalidade e da perspectiva da narração, em suma, de tudo que se destinava a introduzir, de fora para dentro, uma coerência racional, portanto potencialmente fictícia e ilusória aos olhos dos desconstrutores. É claro que sua atitude equipara-se à dos "filósofos da suspeita". É desse ponto de vista que poderíamos dizer sobre as filosofias da desconstrução (que se declaravam elas mesmas, e de bom grado, anti-humanistas, por desconstruírem o primeiro humanismo, considerando-o ingênuo e metafísico) que elas foram de certo modo mais humanistas do que o humanismo tradicional, uma vez que insistiram em desvelar e liberar dimensões da humanidade esquecidas pela primeira tradição humanista...

De que maneira os grandes princípios sucessivos propostos para dar um sentido à vida se revelaram, ao contrário de uma ideia preconcebida, cada vez mais "performantes"

Vemos, pois, ainda que eu esteja propositalmente dizendo as coisas de maneira muito simples, que há um fio condutor na história dos princípios da vida boa. Não se passa por acaso de uma doutrina de salvação a outra. Elas são cada vez mais humanas e mais "performantes" no "salvamento" do humano enquanto tal. Há um fio condutor que vai da mais alta transcendência para a mais alta imanência, do menos humano (o Cosmo) para o mais humano, do menos eficiente ao mais decisivo em termos de salvação, do menos satisfatório ao mais satisfatório no que tange à definição de vida boa, sobretudo se não acreditamos nos grandes princípios transcendentes tradicionais (Cosmo, Deus, homem do humanismo). Nessa perspectiva, com efeito, é muito mais convincente rejeitar a transcendência e buscar um princípio de vida boa que possa valer aqui e agora do que tentar desesperadamente "bricolar" uma nova forma de transcendência. Dizer isso não implica em nenhum ceticismo.

Claro, ainda é possível adotar as visões tradicionais: como eu dizia, tenho amigos que se reconhecem na filosofia antiga, na religião, no humanismo das Luzes ou na desconstrução; sim, *podemos adotar essas filosofias do passado, mas é necessário reconhecer que elas nos abrem*

Breve história do sentido da vida 55

um *acesso cada vez mais indireto e parcial à experiência contemporânea do mundo*. Pois é evidente o progresso nas respostas que as grandes filosofias trouxeram à questão do sentido da vida: elas são cada vez mais humanas e, consequentemente, ao menos para um humanista, cada vez mais satisfatórias. Se achamos que os princípios antigos têm algo de ilusório, se achamos que a desconstrução da metafísica tem algo de justo (quanto a mim, jamais rejeitei esse aspecto do pensamento de Nietzsche e de Heidegger; a desconstrução que eles fazem sempre me pareceu legítima, às vezes até genial), resta-nos buscar um novo princípio capaz de dar a nossas existências um significado ainda mais justo e mais poderoso, existências que estão mais ricas de diversidade do que nunca, mais divididas entre valores e aspirações contraditórios do que nunca.

Daí o interesse que tenho pelo quinto rosto da História, o do amor, que finalmente me parece adequado ao que pensamos e vivemos realmente. É claro que compreendo perfeitamente que, para alguém que vive em um dos mundos antigos, e sobretudo para os crentes, o que estou dizendo possa parecer contestável, até mesmo sacrílego. É por essa razão que fiz questão de esclarecer que os princípios antigos ainda nos falam, que são eventualmente "adotáveis". Há, a meu ver, um motivo de diálogo mais do que de discussão — e, aliás, no momento, estou preparando um livro com o cardeal Ravasi, uma das mais altas eminências do Vaticano, um diálogo sobre a questão do "átrio dos gentios", ou seja, relações entre crentes e não crentes. Significa que não sou nem um pouco dogmático. O que estou dizendo, simplesmente, é que eu tenho consciência, uma vez que os mundos passados ainda são adotáveis, de que outros veem as coisas necessariamente de forma muito diferente.

A grandeza da civilização europeia reside na sua cultura de autonomia

Assim, eu considero também que existe algo de único na civilização europeia, ligado ao fato de ela possuir, mais do que nenhuma outra, um projeto de autonomia que visa conceder aos humanos um status de adultos, não os mantendo no status de indivíduos menores, submetidos a uma visão cosmológica, religiosa, ou mesmo a restrições de um humanismo elitista.

Que me entendam bem: não se trata de dar boas ou más notas às civilizações; muitas são grandiosas. A civilização chinesa, a civilização árabe-muçulmana e a indiana, para citar apenas essas, todas trouxeram tesouros insubstituíveis para a humanidade. Contudo, a civilização europeia pode e deve ainda aprofundar sua busca de autonomia: vivemos a época em que começa o que chamo de "segundo humanismo", a saber, o humanismo do amor, que não é mais simplesmente o humanismo das Luzes, do progresso, do direito e da razão. É uma nova etapa na conquista da autonomia. Sempre pensei, ao contrário da maior parte de meus amigos filósofos e intelectuais, que Francis Fukuyama, ao falar do "fim da História", tocara em alguma coisa profundamente justa. Ele não queria dizer que não haveria mais acontecimentos históricos, o que seria evidentemente uma bobagem — a História continua, há guerras, regimes que caem ou mudam —, mas compreendeu que a história do universo democrático (menos no sentido estritamente político do que no sentido tocquevilliano de uma civilização da democracia e da autonomia) chegou, sob certo aspecto, ao fim, na medida em que o homem que pretendia ser livre finalmente sentiu-se livre.

Kant, em *Was ist Aufklärung?* (O que é o Iluminismo?) diz que o Iluminismo é a civilização onde o ser humano finalmente sai de sua minoridade, e há um sentido de "fim da história" na civilização da autonomia, não sendo possível imaginar nenhuma outra na qual o ser humano tenha, enfim, ele mesmo se reconhecido como adulto. Retrocessos são possíveis, evidentemente, e nem todos os continentes mergulharam juntos na mesma historicidade. Mas a cultura da autonomia em todos os domínios — artístico, cultural, filosófico e político — representa um momento insuperável na história humana, uma espécie de último estágio que, tanto quanto podemos hoje ver, culmina na revolução do amor, que nós vamos caracterizar e analisar no próximo capítulo.

CLAUDE CAPELIER — *Portanto, bem mais ainda do que no primeiro humanismo, devemos esperar que, de agora em diante, nossas democracias se voltem inteiramente para os próprios indivíduos, para as pessoas e para a humanidade enquanto tal, e não para ideais transcendentes fixados para os cidadãos, que exigem que se sacrifiquem.*

LUC FERRY — É justamente sobre esse ponto que a diferença entre o primeiro humanismo é mais visível. De novo, eu não escreveria mais *Pensamento 68* exatamente da mesma maneira: apesar de todos os defeitos e do anti-humanismo exibido, anti-humanismo que fizemos bem em denunciar, a desconstrução teve, apesar de tudo e frequentemente sem querer nem saber, uma parte real de positividade.

CLAUDE CAPELIER — *Creio que esses aportes da modernidade foram mais conscientes e deliberados do que você supõe. Mas a revolução do amor integra e ultrapassa* os aportes do primeiro humanismo bem como os da desconstrução. Eu que objetava, quando nós nos encontramos, que você subestimava e fecundidade da melhor parte das filosofias e das obras que você classifica dentro do movimento de desconstrução, justamente por causa do poder que têm de liberar dimensões ainda não exploradas da humanidade, acho que o "segundo humanismo", tal como você o define, tem a imensa vantagem não só de reaproximar nossos pontos de vista, o que só tem interesse para nós, mas sobretudo de propor um princípio e uma filosofia em ligação direta com toda a riqueza da experiência contemporânea.

LUC FERRY — É esse o objetivo, com efeito. Contudo, não esqueçamos que, apesar de tudo, há no movimento da desconstrução, na arte da mesma maneira que na filosofia, sobretudo na segunda metade do século XX, não apenas uma parte real de anti-humanismo virulento como também de total impostura, que justificava e continua justificando, a meu ver, as críticas que fazemos aos sofismas de Derrida, Bourdieu e Foucault. Não se esqueça de que não era apenas uma querela de palavras: o maoismo, na minha juventude, fazia milhões de mortos sob os aplausos de alguns dos mais eminentes desconstrutores e seus discípulos. As discussões entre Foucault e Sartre sobre a melhor maneira de condenar à morte o escrivão de Bruay-em-Artois* — que era inocente, eu me lembro — alcançaram o auge da ignomínia. No domínio da arte contemporânea também, os concertos em silêncio e as exposições sem quadros, o monte de trapos ou carvões dispostos em um canto e apresentados como se fossem

---

* Um caso de assassinato muito comentado pela mídia francesa dos anos 1970, que acabou transformado em luta de classes, dada a origem burguesa dos acusados. (N. T.)

Vermeer começavam a me exasperar e a minha opinião sobre tais temas não mudou em nada. Provavelmente voltaremos a isso.

Não é menos verdade que na época em que escrevíamos *Pensamento 68* com Alain Renaut, meu ponto de vista ainda era em boa parte o do primeiro humanismo. Em grandes linhas, nós defendíamos a herança do Iluminismo contra a desconstrução do Iluminismo. Como também fizeram Habermas e Appel na Alemanha, ou, sob certos aspectos, Rawls nos Estados Unidos. Não estava errado, estava até correto a meu ver, embora ainda insuficiente. Na época, eu já estava em busca do que eu chamava com razão de um "humanismo não metafísico", um humanismo que desse conta das objeções de grandes desconstrutores, de Nietzsche e de Heidegger, mas eu ainda não chegara lá. Eu achava que a desconstrução feita por eles das ilusões da metafísica era pertinente, mas também via que ela jogava fora o bebê junto com a água do banho — o que continua sendo verdadeiro para mim, verdadeiro na medida em que havia algo perfeitamente legítimo, e que hoje eu mantenho, no ideal do Iluminismo, no ideal da democracia, dos direitos do homem, bem como no ideal do racionalismo e da ciência. Dizer, como Foucault, que "a Razão é uma tortura e o sujeito é seu agente" me parecia simplesmente absurdo. E, mais uma vez, não mudei de opinião.

Só com o homem-Deus eu comecei verdadeiramente a construir o segundo humanismo, não metafísico, e a entrar na nova perspectiva de um humanismo do amor. De novo voltaremos ao tema, que será exposto no próximo capítulo. Tentarei mostrar como essa perspectiva inédita renova radicalmente o olhar sobre a questão da vida boa, como ela mistura os dados nos domínios da política, da arte e da educação. Não renego o *Pensamento 68*, mas estou certo de ter progredido bastante, se essa palavra não é tabu. Doravante, leio a história da desconstrução a partir do que me parece ser sua última etapa, a da revolução do amor, e não mais a partir da etapa anterior, a do humanismo republicano. O que me faz completar a vertente crítica com uma outra, mais construtiva.

Podemos "habitar" as antigas filosofias, mas não podemos compreender o mundo de maneira inventiva insistindo nos antigos princípios

CLAUDE CAPELIER — *O que você acabou de dizer mostra que podemos "habitar", como você lembrou ainda agora, todos os princípios filosóficos, do mais antigo ao mais recente, mas que não podemos filosofar de maneira inventiva com os antigos princípios. É como na arte: podemos amar a arte de todas as épocas, mas não vamos refazer eternamente um templo "à grega", pois seria apenas um exercício acadêmico sem nenhuma inventividade. Se queremos ter um pensamento livre e criativo susce-tível de responder aos problemas ainda não resolvidos, é necessário trabalhar a partir do que vem depois do período de desconstrução, já concluído.*

LUC FERRY — É o ponto crucial. Efetivamente, podemos "habitar" os mundos antigos por vezes até muito bem, mas a restrição é que, dentro das estruturas tradicionais, nada podemos inventar. No máximo, nós as aplicamos ao tempo presente, o que nos confina a ler sempre o mundo contemporâneo com os sistemas conceituais do passado. Não é impraticável, mas resulta o mais das vezes em uma leitura pessimista do mundo. Quer se trate de neotomistas, neorrepublicanos ou neomarxistas, o *páthos* é sempre o do pessi-mismo: "tudo vai mal", "a sociedade está cada vez mais egoísta", "a mercantilização invade tudo"; em suma, "nunca foi tão ruim". *Laudator temporis acti*, elogio dos tempos passados: em resumo, antigamente era melhor. Dá asas à crítica, mas corta as pernas da edificação de visões novas. Philippe Muray,* nesse duplo registro, chegou à culminância, mas o que inferir senão um eterno *páthos* moral-irônico-pessimista que confere a quem o proclama uma aparência de gênio, mas, como em *Fausto*, um gênio que "sempre nega" ("*Ein Geist der stets verneint*", diz Goethe). Se o pessimismo, com efeito, dá asas retóricas a quem se vangloria de não se deixar iludir, manifestando uma reprovação sistemática do tempo presente, nem por isso dá garantia de profundidade: pois temos boas razões para duvidar, por exemplo, que o egoísmo seria mais marcante hoje do que ontem, que "as pessoas não acreditam em mais nada", ou que nossas liberdades seriam menores do que em 1950. Leiam Hugo e Dickens e vejam se a sociedade do século XIX era de fato melhor, mais justa, mais culta do que a de hoje! Recuem até o século XVIII, até a Idade Média, a Antiguidade; é pior ainda...

Os pensadores que habitam o passado são inevitavelmente perseguidos, por mais autênticos e talentosos que sejam, pelo risco de terminar gerindo um estoque de imprecações. Há uma bateria de conceitos disponíveis que podem ser aplicados ao mundo contemporâneo, com frequência impropriamente, por vezes de forma eficaz, mas que, por sua natureza, não chegam a produzir nem novidade nem ampliação do campo de ação: o nível caiu, a sociedade mercantilista invadiu tudo, voltemos aos mestres de jaleco e à caneta-tinteiro,

---

* Philippe Muray (1945-2006), romancista e ensaísta francês, dizia-se "crítico e denegridor do desastre contemporâneo". (N. T.)

voltemos a Pagnol, a Camus... Cada livro adota um novo objeto de lástima, de consternação, de desgosto, novo motivo de lamentação. Mesmo que, com alguma frequência, a crítica seja justa, ela não serve para nada, pois não se abre sobre nada, a não ser sobre uma impossível volta atrás, uma restauração: se as coisas mudaram é porque havia uma razão, e não podemos entrar na lógica da ação se não nos dermos conta disso.

Capítulo 1

A revolução do amor

Um novo princípio de sentido

LUC FERRY — Provavelmente o leitor entende melhor, depois do que acabamos dizer, por que a filosofia é a descoberta dos grandes princípios de sentido, das grandes respostas à questão da vida boa pelos mortais: "descoberta" no sentido próprio do termo, uma vez que os filósofos não pretendem "inventar" *ex nihilo*, com seu próprio cérebro, um princípio autoproclamado que supostamente esclareceria a humanidade. Ao contrário, eles se esforçam para suspender o véu, destacar, nomear e expor de modo coerente os motivos ainda não formulados nos quais seus contemporâneos baseiam, em última análise, suas perspectivas sobre a existência. Trata-se de revelar o sentido e a lógica da visão de mundo que doravante nos norteia, para permitir aos homens entendê-los e se orientar.

Eu disse que estamos hoje entrando, e é uma verdadeira novidade, no quinto princípio de sentido, na quinta resposta à questão da vida boa, em torno da questão do amor. Portanto, em uma quinta época da filosofia, a do segundo humanismo, que se segue à época da desconstrução do primeiro humanismo. Contudo, eu não disse nem o que era o amor visto sob esse ângulo, como princípio de sentido, nem a razão pela qual seu florescimento na esfera da família moderna exigia uma nova resposta à questão da vida boa. Todos têm, evidentemente, um pressentimento, ou uma ideia. Mas, afinal, por que colocar o amor, essa paixão tão antiga quanto a humanidade, em epígrafe? Mais ainda, mesmo admitindo ter havido uma revolução na vida privada, como ela pode pretender se infiltrar em todas as esferas da existência, inclusive as mais públicas e coletivas?

Como o amor se torna o novo princípio de sentido e de qual amor se trata. Três abordagens reflexivas do amor: analítica, histórica, filosófica

Comecemos pela primeira questão: por que podemos legitimamente considerar o amor como novo princípio de sentido da vida e portanto novo princípio filosófico na história dos conceitos sucessivos de vida boa que acabo de mencionar? Na literatura contemporânea, quer seja filosófica, histórica ou romanesca, podem-se distinguir três abordagens do amor, ainda que a terceira, à qual eu sou mais ligado, e que é propriamente a mais filosófica, ainda esteja muito longe de receber todos os desenvolvimentos que ela requer.

Primeiro temos os ensaios que visam definir, na perspectiva de uma análise de noções, as diferentes categorias ou os diferentes nomes do amor, os diversos componentes da ideia que fazemos dele, para chegar, se for o caso, a uma reflexão sobre o que convém fazer para se aproximar de um modelo ideal. Denis de Rougemont

A *revolução do amor* 65

inaugurou, de maneira por sinal apaixonante, esse tipo de análise nos grandes livros que dedicou ao nascimento do amor-paixão no Ocidente. Foi seguido por André Comte-Sponville, que, com seu talento habitual, deu à análise conceitual uma perspectiva que por certo ela não tivera até então.

Há, em seguida, tudo que procede de estudos antropológico-históricos, cujo projeto é descrever e interpretar as mudanças que modificam, de acordo com as épocas, classes sociais e lugares, as concepções do amor e de seu papel, marginal ou central, na constituição das famílias. Nossos historiadores de mentalidades nos ofereceram, desde Philippe Ariès, trabalhos magníficos nesse campo, trabalhos a que já me referi e aos quais nós também voltaremos em breve.

Enfim, abre-se uma terceira perspectiva propriamente filosófica, na qual eu gostaria de me deter mais especificamente. Sem deixar de levar em conta as duas primeiras, interessa-se pela maneira como a experiência do amor renova a questão de nossa relação com o sagrado, como ela induz à sacralização do outro, à transcendência do ser amado, que, contudo, continua inteiramente circunscrita na esfera da imanência à humanidade, uma forma de sacralização dos "ímpetos amorosos", dos sentimentos mais imediatos e mais íntimos dos seres humanos. Pois é por aí que, a meu ver, a experiência do amor se torna, em uma época que desconstruiu todos os valores tradicionais, o fundamento de uma nova forma de transcendência, de uma nova maneira de pensar o sentido que damos à vida.

Tudo isso, é claro, tem de ser explicado, explicitado e argumentado...

66   DO AMOR

CLAUDE CAPELIER — *Uma outra força do amor é que ele pode potencialmente valorizar todas as dimensões da experiência humana, pois todas são suscetíveis de reforçá-lo e ele tem a faculdade de ver em todas elas uma razão de amar. Isso também o designa como o melhor fundamento dos valores, no justo momento em que, no rastro da liberação de dimensões até então negligenciadas da existência, queremos satisfazer todas as formas possíveis da vida humana, no limite, é claro, do que é democraticamente aceitável, inscrevendo-as finalmente em uma visão de conjunto coerente.*

LUC FERRY — Sim e não. É complicado, pois nem toda diversidade é forçosamente amável e há no humano muitas coisas odiosas e desprezíveis também. Além disso, o amor não existe sem o ódio; são provavelmente duas paixões inseparáveis, no mínimo porque nos leva a odiar os que fazem mal aos que amamos, ou às vezes a odiar os que amamos no passado, quando nos fazem mal, quando nos deixam ou nos enganam. A história do amor, ainda que sublime, ainda que enseje um novo modo de pensar a vida boa, não é um caminho de rosas. Voltaremos a isso ao abordarmos o terceiro enfoque do amor como fator de sacralização do humano. Mas é indispensável passar pelos dois primeiros para captar perfeitamente sua necessidade, o que está em jogo.

A abordagem analítica ou os três nomes do amor: eros, philia e ágape
O primeiro dos enfoques decorre do que ainda se chamava no século XVIII de *philosophia generalis*, ou seja, a análise das noções gerais. Tal análise pode evidentemente ter uma dimensão filosófica, como é o caso de Rougemont e mais ainda de Comte-Sponville,

A revolução do amor

mas ela visa primeiramente esclarecer a noção de amor, esclarecer os diferentes conceitos que sevem para designá-lo. É o que fizeram com talento os dois autores que citei, dos quais gosto muito: Denis de Rougemont (em *O amor e o acidente*, Guanabara, 1988, sobretudo) e André Comte-Sponville (no seu belo livro *Ni le sexe ni la mort* [Nem o sexo nem a morte]). Denis de Rougemont distingue, como Comte-Sponville (embora este aprofunde consideravelmente a análise filosófica) três categorias ou três nomes do amor, tirados de três palavras gregas bem conhecidas: *eros, philia* e *ágape*. Digo algumas palavras sobre elas para a clareza do raciocínio e porque me serão úteis para melhor marcar a especificidade da perspectiva aberta pela "revolução do amor".

Eros é o amor que pega e consome. Embora seja diferente nos humanos e nos animais (sobretudo devido ao que Freud chamou de "anáclise"), *eros* está essencialmente ligado à conquista e ao gozo. Mas, sobretudo — e retomo aqui de bom grado as análises luminosas de André Comte-Sponville —, o amor erótico, o amor-paixão (sexual, principalmente), tem de particular o fato de se nutrir às vezes mais da ausência do que da presença. É a mesma lógica do desejo já vista com Lucrécio no *De rerum natura* ou com Pascal, na sua análise do divertimento: a contradição inerente à *libido*, segundo a qual o desejo se apaga tão logo satisfeito e não renasce senão depois de um período consagrado a outras preocupações e marcado pela ausência do objeto de desejo. Nesse sentido, pode-se dizer que *eros* se nutre tanto da presença do objeto amado, quando nós o "consumimos", quanto de sua ausência, pois é preciso que esse objeto se eclipse durante um certo tempo para que o desejo renasça.

De *philia* darei uma definição um pouco diferente da que propõem Denis de Rougemont e André Comte-Sponville. Nas traduções de Aristóteles, troca-se a palavra grega *philia* por "amizade", o que não é satisfatório, pois o termo não designa apenas a amizade propriamente dita, mas também, por exemplo, o amor por crianças que hoje não incluiríamos, pelo menos não de todo. O que é *philia*? Eu sugiro, para compreendermos, uma imagem que acho muito eloquente: *philia* é o sentimento que experimentamos ao cruzar na rua por acaso com alguém que amamos, mas que não víamos há muito tempo. O sorriso nos vem ao lábios antes de qualquer espécie de cálculo racional; é um reflexo, mais do que uma reflexão. *Philia* é a alegria ligada à simples existência do outro. É a alegria sem razão, por assim dizer, de todo modo sem outra razão além da existência, da presença do ser amado. É, pois, uma forma de amor *gratuito*, dado que é isento de qualquer cálculo. Trata-se de um amor que, ao contrário de *eros*, regozija-se essencialmente com a presença: é a presença do outro enquanto tal que nos faz feliz.

O terceiro nível do amor é aquele que os cristãos põem em epígrafe, dando uma nova amplitude à ideia de *ágape*. Essa palavra também recebe uma tradução infeliz com o termo "caridade". Hoje não podemos nos impedir de entender o termo como sendo da ordem da piedade, que não corresponde ao verdadeiro sentido da palavra *ágape*. É o que Simone Weil (que era ao mesmo tempo judia e cristã) maravilhosamente analisou referindo-se à teoria judaica do *Tsimtsum*, segundo a qual a criação do mundo não seria uma manifestação do poder de Deus gerando, de alguma maneira, uma excrescência de Si mesmo, mas o contrário, o efeito de sua retirada deliberada com o desígnio de *deixar o outro existir*. Como uma onda cujo refluxo dá lugar à areia, Deus se retira para deixar espaço livre para o universo e para a humanidade. O que Simone Weil quer

A revolução do amor

mostrar ao ligar o *ágape* à teoria do Tsimtsum é a profundidade do amor de Deus pelos homens, a qualidade absoluta de sua gratuidade: Ele os ama a tal ponto que, por assim dizer, "deixa de ser para que haja o ser". *Ágape* é então o contrário de *peso*, é a própria *Graça*. Simone Weil vê nisso o cúmulo do amor, tanto humano quanto divino.

A infelicidade dos casais frequentemente está ligada ao peso sob o qual mergulham: somos pesados, porque estamos sempre pedindo; tememos que o outro nos escape, cedemos ao ciúme. Os que perguntam sem cessar "você me ama?" expõem-se a ouvir a resposta: "Sim, eu te amo." Subentendido: "Me deixe em paz..." Quando o peso se instala em um casal, quando um pergunta mais do que o outro, ama mais do que o outro e faz pesar esse "mais amor" exigindo sem cessar a recíproca, em geral é um começo de ruptura. *Ágape* é a inteligência do amor, a sabedoria do amor que consiste em deixar todo o espaço para o outro, deixá-lo ser, deixá-lo livre: é o verdadeiro amor.

Na teologia cristã, *ágape* vai muito longe: em princípio, vai até o amor pelo inimigo. Durante muito tempo, quando eu era criança e ia ao catecismo, não compreendia (e acho que o padre não compreendia mais do que eu...) o que podia querer dizer esse pretenso "amor pelo inimigo". Não via como o judeu pudesse amar o nazista que exterminava na frente dele sua família; não compreendia como se podia pretender seriamente amar o carrasco. Não via (e acho que tinha razão em grande parte) senão um "discurso de padre" sem nenhuma ligação com a realidade.

No Evangelho, contudo, há uma chave para esse enigma, sob a forma da metáfora que retorna sem cessar: a das "criancinhas".

Quando amamos nossos filhos, fazemos a experiência do *ágape*. Não, é claro, que eles sejam propriamente nossos "inimigos", mas porque nós os amamos *não importa o que eles façam, até quando são perversos*. É um modelo que, evidentemente, não pode ser aplicado tal qual aos tiranos mais sanguinários, mas que indica a natureza de um sentimento que nos conduz a continuar, apesar de tudo, reconhecendo o homem por trás do monstro e tratando-o sempre humanamente, ainda que resistindo a ele.

Um de meus jovens leitores (Julien Banon, a quem agradeço calorosamente) me fez, via Internet, uma observação preciosa a esse respeito, um presente que quero compartilhar. Ele observou que meu exemplo do amor pelos filhos, "mesmo quando são perversos", podia, por mais estranho que possa parecer, aplicar-se também aos piores canalhas depois de adultos. É ao menos, ele me escreveu, o que tende a mostrar este trecho sublime dos *Carnets* de Albert Cohen, dedicado a Pierre Laval:

> "Quando estou diante de um irmão humano, olho para ele e repentinamente o conheço, eu sou ele, parecido com ele, seu semelhante [...]. E porque, de algum modo, sou o outro, não posso deixar de sentir por ele, não o amor que sinto por meus bem-amados, mas uma ternura de conivência e piedade.
>
> "Que estranha ternura de piedade é essa quando imagino Pierre Laval na sua prisão? Eu o imagino, eu o conheço e me torno estranhamente ele, pobre perverso ávido de efêmero poder. Sim, ele foi chefe da milícia e servidor dos nazistas, sim, fez mal a meus irmãos judeus e assustou minha mãe, e mandou para a morte crianças culpadas de terem nascido do meu povo. Sim,

A revolução do amor 71

no tempo em que era poderoso e nefasto, merecia a morte, uma morte rápida e sem sofrimento. Mas agora ele foi abandonado por todos e é maldito, está na cadeia, vai ser julgado. Eu o imagino e o vejo, e repentinamente eu sou ele. Vejo-o na cela da cadeia, sentindo-se mal, seu peito sofre com a asma e, singularmente, é o meu peito. Ele sofre e eu o vejo vencido. Vejo seu rosto desfeito, rosto doente e aviltado de homem perdido que se sabe perdido [...]. E de repente eu sofro pelo prisioneiro Laval, que sofre estirado no chão de cimento de sua cela, sem assento, folheando o dossiê de seu processo. Vencido o antigo vitorioso [...], triste, lamentável canalha, estirado, escrevendo notas para sua defesa, na esperança desesperada de que não o matem. E de repente [...] ele sabe que o matarão, ele, a antiga criança Pierre, o antigo ministro vitorioso de gravata branca [...]. A desgraça transpirando no cimento da cela, e ele sozinho, na cela, sozinho sem a mulher e sem a filha que ele amava, sozinho na sua desgraça, amaldiçoado por todos [...]. Como não perdoar esse infeliz de repente tão próximo, de repente meu semelhante?"

Haveria muito a dizer sobre esse texto magnífico, e muitos outros exemplos a dar de tiranos destronados e miseráveis — Ceausescu crivado de balas ainda abraçado à mulher, Saddam barbado, sujo, desgrenhado e coberto de poeira saindo de um buraco de rato onde desesperadamente se refugiou — que, de repente, quando pensávamos finalmente odiá-los, ter inclusive o direito de odiá-los, nos mergulham em um abismo de sentimentos equívocos onde a piedade, até a fraternidade, irrompem estranhamente. Note-se, aliás, que não é por acaso que Cohen evoca o "pequeno Pierre", a criança em Laval, mas também a própria mãe, a mulher e a filha de Laval;

em suma, esse amor que, no seio da família, tudo perdoa, *ágape* por excelência, que vai até a ternura, a piedade, para dizer a verdade até à simpatia, o *sym-pathos*, o "sofrer com" o "irmão humano" que continua, apesar de tudo, sendo nosso inimigo. Magnífico discurso, diga-se de passagem, a favor do perdão, e por isso mesmo contra a pena de morte que o torna impossível...

Ágape, então, é isto, mesmo que seja muito difícil: o amor que vai até o amor pelo inimigo. Um passo dado na direção da gratuidade. Não é mais apenas o amor sem cálculo, como *philia*, é o amor, por assim dizer, "anticálculo", quase irracional, até antirracional, no mínimo radicalmente antiutilitarista.

Eis o que nos ensina a primeira abordagem pela "análise da noção de amor". Ela pode conduzir mais adiante, como é o caso de André Comte-Sponville, a uma reflexão sobre como deveria ser o amor bem-sucedido, amor que reconcilie *eros*, *philia* e *ágape*, mas que, sobretudo, consiga resolver o problema apresentado pelo amor-paixão: se é verdade que "o amor-paixão não dura senão três anos", como transformar esse amor em uma união durável, à altura das promessas dos flamejantes primeiros anos? É preciso, André nos diz em suma com seu senso da fórmula, "passar do amor-paixão ao amor-ação". Denis de Rougemont aconselhava, em uma perspectiva assemelhada, transformar o amor-paixão efêmero em amor construído, escolhido por uma decisão firme e elaborada e com a ajuda da inteligência, da razão. O que requer, com efeito, mais inteligência do que paixão e implica em assumir a escolha refletida e ficar a vida inteira com a mesma pessoa. Se assim não for, nos tornamos, como bem disse Rougemont, um "Dom Juan desacelerado". Em outras palavras, alguém que a cada cinco ou dez anos muda de parceiro e se lança em uma nova paixão.

Entendo que o projeto de Rougemont e André possa ser legítimo e mesmo muito bonito. Contudo, tenho uma certa dificuldade em segui-los completamente: às vezes tenho dúvidas sobre a real possibilidade de conciliar verdadeiramente as três formas de amor; acredito no risco de ser menos uma superação das intermitências da paixão do que uma máscara do desgaste dos sentimentos. A mim parece, em todo caso — e disso falaremos no terceiro nível de reflexão sobre o amor, o da fenomenologia da transcendência e da sacralização do outro —, ser preciso ir mais longe para poder captar verdadeiramente a experiência do amor até nas suas raízes mais profundas.

CLAUDE CAPELIER — *O que me incomoda nessas análises, no mais refinadas e sugestivas, é que parecem querer enquadrar e dar normas prévias ao amor que, contudo, como dizia o outro, "nunca conheceu leis". Causam em mim o mesmo efeito dos ensaios sobre o riso ou as "regras da arte"; bem depressa a teoria me parece perder de vista o essencial, a verdadeira natureza de seu objeto. Claro, no amor bem-sucedido, como na obra de arte genial, há uma mistura inextricável de sentimento imediato e de reflexão ativa. Mas, nesses domínios, a reflexão e a iniciativa só valem se prolongarem o desejo e o sentimento. Creio, pois, que é contraditório propor uma solução mais ou menos "pré-fabricada" a uma experiência que, por definição, não pode senão fazê-la explodir. O que me torna cético, simplesmente, é que reflexões desse tipo parecem passar ao largo da realidade da experiência.*

LUC FERRY — Creio, com efeito, que a definição de "ideal" no amor esbarra mais ou menos na ideia de que devemos "nos forçar para alcançá-lo". A realidade é que as histórias de amor-paixão — não falo do amor pelos filhos, que escapa a essa fatalidade —, como todas as histórias, têm um fim. É preciso entretanto ter a lucidez de reconhecer que não é por uma história de amor ter um fim que ela é necessariamente um fracasso, pois pode ter sido uma maravilhosa história de amor, à qual se pode continuar fiel. Evidentemente, aos olhos do ideal, pode ser um fracasso, mas usar o ideal como uma alavanca para nos forçar a continuar quando simplesmente acabou também não vai funcionar... É muito difícil ter essa lucidez. É como um disco que para: quando o prelúdio de Chopin terminou, está terminado. Não impede de ter sido genial. Claro, como escreveu Nietzsche, *alle Lust will Ewigkeit* ("todo prazer quer a eternidade"): gostaríamos que durasse para sempre. Se não é o caso, não vejo como o ideal de "amor-ação" possa verdadeiramente nos ajudar. Segundo o que me contaram, parece que o próprio Denis de Rougemont divorciou-se porque se apaixonou por uma mulher com a qual trabalhava. Pelo menos é o que uma pessoa próxima dele um dia me explicou, esclarecendo que ele contradisse na vida a teoria que defendia no pensamento. Não sei qual é ao certo a verdade, nunca tive a sorte de conhecer Rougemont, mas a história me parece tão plausível quanto banal.

Em outros termos, tenho o maior respeito pela filosofia do amor fundada na análise das noções, mas suas conclusões me parecem anti-históricas demais, estabelecidas demais *sub specie aeternitates*, pois elas veem o amor através de seus traços eternos. Mas ele hoje tem um papel diferente das épocas passadas, um papel ligado às evoluções da família e do indivíduo moderno que lhe confere uma importância nova na definição de vida boa. É esse novo papel que mais me interessa e que a segunda abordagem, a dos historiadores, permite justamente pôr em evidência.

A revolução do amor

*A abordagem histórica: como o casamento por amor
substituiu o casamento de razão.*
As lições da antropologia e da História

O que me parece indispensável aprofundar, desse ponto de vista, é o que chamarei de *fenomenologia do amor*. Emprego aqui o termo "fenomenologia" não pelo prazer de utilizar uma palavra do jargão filosófico, mas para designar uma atitude intelectual que me parece sob todos os aspectos mais adequada ao tema, pois ela é, de alguma maneira, "de escuta": faz do tema uma descrição do que se passa realmente, sem acrescentar princípios exteriores, como era o caso nas análises das noções precedentes, ao menos na medida em que concluíam com a elaboração de uma espécie de ideal. "Fenomenologia", nesse caso, quer dizer: descrição da experiência vivida, do fenômeno do amor, sem *a priori*, sem aporte exterior.

Eu dizia há pouco que havia três tipos de reflexão sobre o amor. Depois da análise de noções, a abordagem fenomenológica, que vamos agora iniciar, divide-se por sua vez em dois níveis muito diferentes: de um lado, como anunciei, o "detalhamento" antropológico-histórico do que se passou de fato durante a História na vida dos indivíduos; de outro lado, uma descrição propriamente filosófica, e não mais simplesmente histórica, da transcendência imediata, não metafísica, que vivemos no amor. Estou empregando palavras um pouco incomuns e difíceis, mas vou torná-las mais claras em um instante, por intermédio de exemplos concretos.

Comecemos pela descrição fenomenológica, antropológico-histórica do que ocorreu, factualmente, na história dos humanos relacionada ao lugar que a sociedade deu ao amor: é importante, a meu ver, tê-lo presente no espírito porque não se pode filosofar sobre o nada ou unicamente sobre noções, é preciso também filosofar sobre a realidade. A filosofia, dizia Hegel, é "a inteligência do que é"; é, dizia ainda, "o próprio tempo apreendido pelo pensamento" ("*Ihre Zeit in Gedanken erfasst*"). Excelente definição da parte teórica da filosofia, que justifica que não se negligenciem os ensinamentos da História.

O que nos dizem os grandes historiadores das mentalidades, como Ariès, Shorter, Flandrin, Lebrun ou Boswell, por exemplo, é que, na Idade Média, a família fundada no casamento não tinha estritamente nenhuma relação com o amor, com o sentimento. Às vezes, é claro, como observa com uma discreta ponta de ironia nosso amigo François Lebrun, acontecia de se amarem na família, mas era muito raro e, de todo modo, não era esse o objetivo. Evidentemente, a Igreja recomendava o amor e a fidelidade, mas tratava-se de um ideal de alcance geral que não era específico do casamento.

O que justifica o casamento e a família no Antigo Regime é essencialmente a linhagem, a biologia e a economia. Antes de tudo, a transmissão do patrimônio e do nome ao primogênito, e uma numerosa descendência, pois se precisa de braços para tocar a fazenda nessa Europa rural e feudal, onde não existe trabalho assalariado. Não se amar, nesse contexto, não é evidentemente motivo de divórcio, como é o caso hoje. Montaigne escreve sobre o tema frases definitivas, que eu já citei em *A revolução do amor*, mas que menciono aqui por traduzirem luminosamente o ponto de vista de sua época, ainda que choquem a imagem anacrônica que hoje fazemos desse "grande humanista": "Senhores", diz ele em suma, "jamais se casem com suas amantes" (*Ensaios*, livro III, capítulo 5). Casar com a mulher que se ama com amor-paixão erótico, representa, na visão dele, a catástrofe absoluta: é, ele diz — e a citação é exata quase sílaba por sílaba —, "cagar no cesto antes de botá-lo sobre a cabeça". São termos escolhidos para mostrar quão ruim era a ideia que se fazia do casamento por amor na época de Montaigne. Tinha-se, bem entendido, uma amante, uma mulher amada com amor-paixão, mas a esposa, a mulher com quem se vivia todos os dias, era escolhida por critérios totalmente diversos, inteiramente submetidos à razão social. Melhor seria se essa associação não fosse desprovida de ternura, de estima e amizade, com a condição expressa de não misturar a ela o amor-paixão.

Tal tema ainda é encontrado em pleno século XIX, maravilhosamente desenvolvido em um conto de Maupassant intitulado *Jadis* [Antigamente]. Uma avó, educada nos princípios do Antigo Regime, explica à neta, já imbuída da aspiração moderna ao casamento por amor, que o matrimônio não tem nenhuma relação com o amor. A prova, acrescenta, é que só se casa uma vez, ao passo que se ama vinte vezes! Ela encoraja vivamente a neta a libertinar. Paradoxalmente, a avó está do lado da libertinagem, enquanto a moça defende uma concepção já muito "burguesa" da fidelidade eterna no casamento por amor.

Além de as pessoas não se casarem por amor no Antigo Regime, *elas eram casadas* mais do que *se casavam*. O tema é onipresente no teatro elisabetano, no do Século de Ouro espanhol, assim como nas comédias de Molière. As pessoas não se casavam, elas eram casadas pelos pais, pelo vilarejo, como testemunha o famoso costume do "charivari", que, por essa razão, apaixonou os historiadores da família: como é o vilarejo que casa os jovens, é ele que cobra a lei da fidelidade. Quando um marido é enganado pela mulher, sentam o infeliz em cima de um asno, fazem-no atravessar o vilarejo sob os apupos, as cusparadas, os legumes podres que lhe atiram no rosto. Em seguida, os dois esposos são levados para casa e o charivari começa. As pessoas se revezam durante horas, às vezes dois dias inteiros, para bater com tudo que possa fazer barulho (panelas, caçarolas, enxadas, pás etc.) nas paredes da casa para cobrar a lei da cidade. É o vilarejo, a comunidade, que a cobra. Hoje, a infidelidade faz parte da vida privada e se espera total discrição diante de alguém enganado pela mulher ou pelo marido. Mas, naquela época, era o inverso: era preciso a qualquer preço impedir o amor de vir perturbar a ordem familiar e social ditada pelo costume comum. Hoje, é o amor, até mesmo o amor-paixão, o único a dar fundamento à família, célula de base de uma sociedade para a qual nada é mais sagrado do que esse sentimento cujo prestígio cresce de maneira inversamente proporcional ao declínio de todos os outros ideais.

Mas como o casamento por amor terminou por suplantar o casamento de razão? Edward Shorter propõe uma resposta muito esclarecedora em La Naissance de la famille moderne [O nascimento da família moderna]: ele vê como uma consequência do desenvolvimento do trabalho assalariado e do mercado de trabalho induzidos pela expansão do capitalismo. Obrigados a "ir para a cidade" em busca de trabalho assalariado, os indivíduos escapam ao comunitarismo, ao mesmo tempo camponês e religioso, que reinava nos vilarejos: os salários, por mais magros que fossem, conferiam-lhes certa

A revolução do amor

autonomia financeira e os meios para se instalar longe do vilarejo, proporcionando uma nova liberdade que, sobretudo no caso das mulheres, nunca tivera equivalente.

O casamento por amor é, pois, uma invenção europeia relativamente recente, tornada possível graças à Revolução Industrial. As mulheres jovens, cada vez mais numerosas, têm de morar sozinhas ou com uma companheira de oficina em um quartinho da grande cidade onde trabalham, e, pela primeira vez, são pagas. Graças ao trabalho assalariado, elas poderão finalmente escapar da tutela sufocante do vilarejo e escolher um companheiro segundo o coração. Emancipam-se das coações que ainda entravam pesadamente os amores dos filhos de burgueses, a exemplo dos jovens mostrados por Molière, contrariados sem cessar pela vontade de um pai bem decidido a fazê-los se casar com um partido conforme com seus interesses.

O casamento por amor nasce, pois, primeiro na classe operária; a burguesia levará mais tempo para aceitá-lo, por motivos econômicos e patrimoniais evidentes. Só depois da Segunda Guerra Mundial o casamento por amor prevalecerá em todas as classes sociais, mesmo que ainda encontre resistências aqui e ali. No prolongamento dessa irresistível dinâmica, o que se perfila no horizonte é, evidentemente, o casamento homossexual: é a sequência lógica de um movimento que visa desconectar totalmente o casamento de seus motivos tradicionais (biologia, linhagem, economia) para baseá-lo exclusivamente no amor-paixão, aquele que Montaigne queria a qualquer preço excluir do campo familiar.

Assim, o amor tornou-se com o tempo, pelo menos no mundo ocidental, o único princípio da família: não há outro hoje em dia.

80 DO AMOR

Não é mais a biologia (pode-se muito bem amar sem ter filhos); não é mais a linhagem nem a economia (pode-se amar sem ser da mesma classe social, ainda que, obviamente, os pesos sociológicos e econômicos não se apaguem com um passe de mágica) — e, pela mesma razão, gêneros não importam mais (pode-se perfeitamente amar uma pessoa do mesmo sexo e ter vontade de se casar com ela). Aliás, pode-se viver em família sem ser casado; pode-se fazer contrato de união estável ou viver uma "união livre", como há algum tempo se chamava. Quando falo de "casamento por amor", refiro-me de fato à família amorosa, à família por amor, quer se baseie ou não em casamento "oficial", com suas duas consequências cruciais, com as quais completo esta breve descrição antropológico-histórica: o desenvolvimento de um amor imenso e de tipo novo pelos filhos, sem precedente na História; a invenção e a banalização do divórcio.

Como mostram magnificamente Jean-Luis Flandrin e François Lebrun, na esteira de Philippe Ariès, a valorização do casamento por amor acarretou o nascimento e a intensificação progressiva de um amor pelos filhos que provavelmente nunca existiu na Idade Média, cujas antecipações talvez sejam achadas na cultura greco-romana, mas que, de todas as maneiras, adquiriu forma, ganhou poder e conquistou universalidade absolutamente inédita. Na Idade Média, a morte de uma criança é frequentemente tida como menos grave do que a de um porco ou um cavalo. O abandono de crianças, segundo os melhores historiadores, principalmente Boswell, chega a alcançar 30% no começo do século XIX, incluindo condenação à morte. *O Pequeno Polegar* é uma história verdadeira (enfim, seu ponto de partida...). O nascimento e o triunfo do casamento por amor

A revolução do amor 81

vão derrubar completamente a perspectiva, a ponto de a morte de um filho se tornar hoje, na família de amor, a coisa mais grave, mais trágica que pode acontecer a alguém. Expus longamente no meu livro *A revolução do amor* os argumentos e documentos históricos que apoiam e confirmam os enunciados que acabo de fazer, e remeto a ele o leitor que desejar conhecê-los — digo isso porque sei, por experiência própria, que são numerosos os que ainda acham que o amor pelos filhos é absolutamente natural, que nada tem a ver com a História, o que é em parte verdade... e contudo com muita frequência falso!

Seja como for, o crescimento exponencial do amor pelos filhos no seio da família moderna vai ter consequências políticas importantes, às quais voltaremos no próximo capítulo, com, entre outras, o nascimento de uma problemática nova: a das gerações futuras, ou seja, do mundo que nós, adultos, temos a responsabilidade de deixar para os que mais amamos, a saber, os nossos filhos.

Para continuar ainda por um instante no nível antropológico e histórico, vamos agora à segunda consequência do casamento por amor: a invenção do divórcio. Se é verdade que o amor-paixão não dura, basear o casamento nele é construir em cima da areia. A paixão é por definição frágil e variável: eis por que legislações cada vez mais liberais sobre o divórcio vão acompanhar a valorização do casamento por amor na classe operária. Na França, a data principal é 1884, ano da primeira lei verdadeiramente sólida sobre o divórcio, momento em que o casamento por amor se torna dominante. Haverá, contudo, vaivéns.

Aliás, são as incertezas da vida moderna que Montaigne visava, por antecipação, na pavorosa frase que citei ainda agora. Suas observações significam simplesmente que ele tinha consciência de que basear o casamento apenas no amor, como fazemos hoje, é correr o risco de uma explosão da família tradicional, é correr o risco de divórcio e separação. Sessenta por cento dos casamentos, eu disse, acabam hoje na Europa em divórcio, o que não significa evidentemente que o casamento por amor fracassou, mas que o amor é mais difícil de viver do que a tradição. Nenhuma mulher nem provavelmente nenhum homem gostaria hoje de voltar ao casamento arranjado, uma boa prova de que o casamento por amor é, apesar de seus fracassos, um inegável avanço.

A família antiga, a família burguesa do período 1850-1950, é hoje idealizada com frequência — pela direita em especial —, porque o divórcio era então quase sempre proibido. Sim, é verdade, as pessoas não se divorciavam, mas falemos claramente: elas se amavam durante seis dias e se aporrinhavam sessenta anos! Os homens enganavam suas mulheres a pé, a cavalo e de carro, em uma instituição que se toma cuidado para não incluir na perspectiva nostálgica, a que simplesmente se dava o nome de bordel. Não idealizemos o passado porque então ninguém se divorciava: a família burguesa tradicional tinha decerto suas qualidades, mas era também uma família minada pelos segredos, mentiras e infidelidades. As mulheres bem depressa sacrificavam sua vida profissional, depois sua vida afetiva, a maridos que também rapidamente começavam a vadiar. Não é, pois, um ideal que se possa facilmente defender como alguns imaginam. Aceitemos, em vez disso, que a vida amorosa, mesmo mais difícil hoje em dia, tem mais autenticidade, liberdade e intensidade, e a elas nós não gostaríamos de renunciar por nada no mundo.

A revolução do amor

O que nos conduz diretamente à terceira abordagem do amor que anunciei anteriormente, a que descreve a dimensão de transcendência e de sagrado inerente a esse sentimento na experiência vivida com ele: vê-se, de um simples ponto de vista histórico, como o amor se tornou o princípio fundamental do que nos é mais caro, a saber, nossa vida amorosa, afetiva ou amistosa e, seja como for, o único princípio fundador da família moderna.

A abordagem filosófica / fenomenológica do segundo humanismo ou por que o amor se torna o principal fundamento do sentido de nossas vidas

Era indispensável passar pela análise das noções e pela História para compreender como nossa visão do amor mudou profundamente, como ele se tornou o princípio do que, a nosso ver, está no cerne do sentido de nossas vidas, a começar por nossas famílias, filhos e amigos. Contudo, não foram senão etapas necessárias para chegar ao essencial: por que o amor se torna, senão o único fundamento de nossos valores, bem como do sentido de nossa vidas, no mínimo seu vetor principal, de longe mais importante do que todos os outros? Como isso vai transformar profundamente nossas existências individuais e sociais em todos os setores onde elas se desenvolvem?

Para responder a essa pergunta é preciso examinar *os elos estabelecidos entre a amor, o sagrado e o sentido*. Não se trata aqui, repito-o, de aplicar uma interpretação de fora para dentro, mas, sim, de botar em evidência, a partir de nossa própria experiência cotidiana, as relações que se tecem espontaneamente entre as três dimensões, mesmo para quem não toma consciência delas. É essa descrição não

84   DO AMOR

metafísica das realidades humanas que chamamos de uma *fenomeno-logia*.

E, para começar, o que é o sagrado? Não é, ao contrário da opinião comum, simplesmente o oposto do profano, o religioso ou no mínimo o elemento essencial do religioso; o sagrado, como seu nome sugere em francês [e em português], é aquilo pelo qual estamos dispostos a nos sacrificar. Valores são sagrados quando eu poderia, no limite, morrer por eles (com razão ou sem, pouco importa); é sagrado aquilo pelo qual eu estaria pronto a arriscar minha vida, e, se for o caso, dá-la. Mas nós temos vivido na Europa uma desconstrução sem precedente das figuras tradicionais do sagrado (voltaremos a isso quando tratarmos de questões políticas e artísticas). Em uma primeira aproximação, poderíamos dizer que, na história das relações com o sagrado da humanidade europeia, morre-se em massa (durante guerras, massacres, episódios revolucionários) essencialmente por três "causas": por Deus, pela Pátria e pela Revolução. São as três grandes figuras do sagrado na história da Europa.

Houve, com efeito, guerras de religião, guerras nacionalistas que fizeram dezenas de milhões de mortos, e revoluções não menos assassinas. Hoje, essas três grandes figuras do sagrado estão praticamente mortas nas novas gerações, ao menos na nossa velha Europa (em outros lugares, infelizmente, não é bem assim): é um dos efeitos mais profundos da formidável "desconstrução" dos valores tradicionais que caracterizou o século XX europeu em todos os domínios. Em resumo, mais ninguém, ao menos na Europa — mas essa história é antes de tudo europeia —, está disposto a morrer por Deus, pela Pátria, pela Revolução. Claro, ainda existem crentes, patriotas

A revolução do amor   85

e mesmo alguns revolucionários. Contudo, praticamente nenhum deles continua mantendo relação de sacrifício, menos ainda assassina, com seu ideal.

Em compensação, uma fenomenologia do sagrado contemporâneo nos mostra claramente que *os únicos seres pelos quais estaríamos dispostos a morrer, a arriscar nossas vidas, talvez até a dá-las, são justamente os seres que foram sacralizados pelo amor. O amor induz, a respeito dos que amamos, uma relação, uma função de sacralização.* É isso que define a transmutação da base da concepção do sentido da vida na Europa de hoje. A partir de agora, só estamos dispostos a morrer por pessoas humanas, e não mais por entidades abstratas: nem Deus nem a Pátria nem a Revolução. E essas pessoas não são somente nossos íntimos, os que amamos mais diretamente. Elas representam também — como demonstra toda a história do nascimento da humanidade laica — o próximo, ou seja, o contrário do íntimo, o anônimo, aquele que só conhecemos de longe, e que, por simpatia, por uma espécie de capilaridade, não nos deixa totalmente indiferentes. Não estou dizendo que estamos dispostos a morrer por ele, mas, sim, que sua sorte suscita interesse, indignação, por vezes a mobilização, como demonstram as diversas intervenções humanitárias que se multiplicam há quarenta anos.

Evitemos o simplismo tão indigente e tão fácil que chega a se tornar fatigante, que consiste em deduzir imediatamente do que eu acabo de dizer que a revolução do amor não conduz senão a um recolhimento à esfera privada. Como se depois do fim das grandes causas e das utopias só nos restasse a família: veremos que é exatamente o inverso. *Na verdade, essa história da vida privada vai engendrar, ao contrário de uma ideia preconcebida sem reflexão, uma simpatia pelo outro mais aberta, diversa e ativa do que em nenhuma outra época. Pode-se sempre julgar* — mas em nome de qual época de ouro — que não é suficiente, que nossas sociedades não se mobilizam suficientemente pelos pobres, infelizes, massacrados. Quando vimos alguma sociedade fazer mais do que as nossas, antes ou em outro lugar? A verdade é que a revolução do amor muda nossas práticas e nossos ideais coletivos tanto ou até mais que nossos comportamentos privados.

Nossos projetos políticos, agora orientados pela preocupação com as gerações futuras e com as questões sociais relacionadas aos mais fracos, nossa crescente sensibilidade às questões planetárias, tudo isso traduz, na vida coletiva, a mudança de perspectiva trazida pela revolução do amor. Há quem diga, também sem refletir um instante nem olhar a história, que nossas sociedades estão mais "individualistas", mais egoístas e ávidas do que nunca. Mas objetivamente, pois não é uma questão de gosto, o contrário é que é histórica e factualmente verdadeiro: nunca a preocupação com o outro foi tão grande quanto hoje, e não somente em palavras. Vivem nos dizendo que o mundo do dinheiro, dos bancos e dos mercados teria acabado por nos arrastar a uma descida aos infernos, ao "horror econômico" onde só quem faz a lei é a avidez, a especulação e a competição selvagem. Longe de ser feliz, a globalização só teria empobrecido os pobres e enriquecido os ricos, sem levar em conta qualquer consideração ética.

Bem entendido, nem tudo é falso nessas queixas. Aliás, como acentuava Pascal, nenhuma opinião compartilhada costuma ser de todo falsa. Sim, certas desigualdades se aprofundaram, é verdade, mas em que dados objetivos se baseia a ideia de que o declínio moral seria um fato reconhecido? Correndo o risco de passar por tolo, confesso que penso exatamente o contrário, ao menos em se tratando de nossa velha Europa. Não por ideologia, mas porque se

A revolução do amor 87

considerarmos os fatos e não ficarmos só nas impressões subjetivas, o discurso de declínio não se sustenta. Para comprometê-lo, basta se perguntar sobre o passado ideal ao qual ele faz referência. E como se chegou à conclusão de que "era melhor antes" ou em outro lugar? Em qual século? Em qual país?

É aí que a argumentação dos pessimistas se confunde e se emaranha, tem dificuldade para encontrar alguma referência histórica ou geográfica minimamente provativa. É fácil denunciar as mazelas do tempo atual, as desigualdades, a crise econômica, mas é infinitamente mais difícil arriscar-se a evocar alguma época de ouro. Todos os trabalhos dos historiadores, e toda a literatura com eles, demonstram abundantemente que os tempos antigos eram sob todos os aspectos infinitamente mais duros e menos preocupados com o outro do que nossos Estados-providência, por certo mais cordiais e indulgentes do que todas as outras formas de organização social e política conhecidas até hoje. Digam o que disserem, nossas democracias oferecem espaços de liberdade até então inauditos, além de um permanente cuidado com o outro que, longe de ser somente verbal, está sempre se traduzindo em fatos. Leiam Hugo ou Dickens sobre o século XIX, Voltaire sobre as *lettres de cachet** no século XVIII, Hugo ainda sobre a Idade Média ou Tácito sobre o Império Romano, e verão o que era a miséria do povo, o egoísmo dos poderosos, o individualismo e o "cada um por si" dos famélicos, a crueldade das torturas e das execuções, o abandono dos doentes, dos aleijados e dos desempregados, a violência do grande banditismo e das hordas selvagens.

---

* Cartas fechadas, assinadas pelo rei, ordenando encarcerar, internar ou exilar um indivíduo. (N.T.)

É só ver o crescimento da ação humanitária que, tanto dentro de nossos países quanto fora deles, encarna de modo particularmente evidente a passagem do amor pelo próximo à preocupação com o outro em geral. Sobre isso, Robert Badinter fez uma de suas mais brilhantes observações, um dia em que, diante dele e de seus amigos da Academia das Culturas, eu acabara de dar uma conferência sobre a ação humanitária: "A fórmula fundamental do humanitarismo", ele me disse, "no fundo não é senão uma variação da fórmula canônica 'não faça com o outro o que não gostaria que fizessem com você', que se torna: 'não deixe que façam com o outro o que não gostaria que fizessem com você'." Esse "não deixe que façam" é a luta contra a indiferença, e é de fato o que vai caracterizar o humanitarismo moderno, que está diretamente ligado à revolução do amor, à valorização da família moderna nas nossas sociedades europeias. O sentimento de simpatia que não podemos deixar de experimentar, mesmo que de modo fugaz, pelo outro, o sentimento de que sua sorte não pode nos deixar totalmente indiferentes, mesmo quando não o conhecemos, a ideia de que não podemos ser insensíveis às tragédias que se abatem sobre outros povos por mais que seus modos de vida sejam diferentes dos nossos, tudo é consequência direta do fato de o sentimento ter desabrochado como nunca em nossas vidas privadas.

Lembremo-nos do tempo, não tão distante, em que se demonstrava uma indiferença pétrea diante dos massacres nas colônias, da segregação ou da exploração de que eram vítimas populações inteiras, do trabalho infantil em regiões longínquas, dos genocídios mais atrozes. É difícil compreender que tenhamos deixado exterminar os judeus sem intervir, sem bombardear os campos da morte, até o final da Segunda Guerra, sob a alegação de que era preciso se concentrar na guerra e na resistência. O genocídio armênio cometido pelos turcos, o dos líbios pelas tropas de Mussolini deixaram na época a opinião pública em total indiferença. Hoje é que nos inquietamos, não naquele momento. É óbvio que não sou ingênuo, bem sei que o egoísmo não desapareceu, a violência e as injustiças também não: quem seria tão míope e tão cínico para pretender o contrário? E não é porque os progressos são evidentes que devemos nos resignar diante das desgraças e desigualdades que ainda atingem homens, mulheres e crianças: temos de empregar todas as nossas forças para melhorar a sorte deles. Mas também não é preciso ser cego e não ver que a emoção e as ações em benefício de populações em situação crítica se desenvolveram como nunca, apesar de seus limites. Sinal suplementar de que a revolução do amor, longe de ser apenas uma questão privada, já teve uma influência não negligenciável sobre a esfera pública.

CLAUDE CAPELIER — *O amor valoriza, até mesmo sacraliza dimensões da vida humana, naturezas individuais de todos os tipos: somos sensíveis aos encantos daquela ou daquele que amamos, achamos "incrível" sua originalidade, seus traços de caráter e até suas pequenas manias. Quando o amor se torna o único ou pelo menos o principal valor fundador da civilização contemporânea, essa abertura à diversidade das expressões humanas, que é uma de suas tendências dominantes, acarreta necessariamente uma maior sensibilidade a pessoas, aos problemas mais diferentes. O leque do que se pode potencialmente sacralizar em seu nome é infinitamente mais amplo do que nos quatro princípios de sentido precedentes. É exatamente por isso que, longe de nos fechar na intimidade, o amor nos leva a intervir na esfera pública.*

LUC FERRY — Uma das fórmulas do amor, o famoso "Ah! É bem você!" que dizemos às vezes aos próximos, indica o elogio implícito da singularidade. Em uma passagem magnífica e célebre dos *Pensamentos*, Pascal se pergunta sobre o que amamos no outro. Amamos suas qualidades? Qualidades, podemos perdê-las por acidente. Podemos perder a beleza e até a inteligência: e por isso perderemos o amor? Claro que amamos a inteligência, a beleza, o encanto que pode desencadear o amor e mesmo conservá-lo, mas, quando amamos de verdade uma pessoa, o que amamos é ela, simplesmente, e é por isso que podemos continuar a amar mesmo se um acidente a fizer perder suas "qualidades", contanto que, evidentemente, ela continue sendo a mesma, apesar de tudo. É o que diz o célebre "Porque era ele, porque era eu" de Montaigne e La Boétie... Quando dizemos a alguém "Ah! É típico de você, é bem você", o que temos em mente é uma singularidade absoluta, insubstituível, por assim dizer, e é o que achamos adorável.

Para prolongar o paralelo proposto por você entre o amor pessoal e os efeitos políticos da revolução do amor, é preciso reconhecer que o primeiro humanismo subestima consideravelmente a dimensão da simpatia, mesmo com Kant, que exprime o amor da forma mais grandiosa. Ao ver a imagem do pai iraquiano ou africano chorando o filho morto durante a guerra, nos dizemos, a não ser que sejamos insensíveis ou um animal, que ele tem os mesmos sentimentos que teríamos no lugar dele. Mesmo que não o conheçamos, mesmo que ele não tenha a mesma língua, a mesma religião, a mesma cor da pele, sabemos que tem o mesmo sofrimento diante da morte daquele que ama, e que não podemos permanecer indiferentes. O que eu quero dizer é que não é por "respeito", pela

A revolução do amor

aplicação do famoso imperativo categórico kantiano que combatemos a indiferença ("aja de tal maneira que a máxima de sua ação possa ser transformada em lei universal da natureza"). Não estamos mais no racionalismo do respeito, mas no respeito que é motivado pela simpatia, cuja raiz é o sentimento nascido na família moderna.

Assim, é absurdo ver na revolução do amor um simples recolhimento à esfera privada. Tal reação indica simplesmente que se continua pensando segundo as categorias tradicionais do liberalismo ou do socialismo. São sistemas, como sugeri anteriormente, nos quais a vida privada está excluída por princípio do universo público, mas é um grande erro. Voltaremos a isso no capítulo dedicado à política: veremos então como a revolução do amor transforma as relações entre a esfera privada e a esfera pública, sobretudo com a emergência da nova questão, que é a preocupação com as gerações futuras.

Do amor como fator de sacralização ao amor como vetor de sentidos

Até aqui eu me esforcei para esclarecer o elo entre o amor e o sagrado, mas ainda não disse nada sobre o que une o amor e o sentido. Vamos então a essa fenomenologia do amor como novo princípio de sentido. Como diz um provérbio árabe: "Um homem que nunca encontrou na vida um motivo para perdê-la é um pobre homem, porque nunca encontrou o sentido da vida." Esse ditado, simples e bonito, pretende mostrar o quanto a relação com o sagrado e a relação com o sentido são solidárias. Ainda que não tenhamos consciência, é fácil se dar conta, mesmo refletindo só por um instante, que os valores pelos quais estaríamos dispostos a arriscar nossa vida são evidentemente o que (secretamente, mas de maneira permanente e em todos os setores de nossa existência) dá sentido a nossas vidas ou o que faz sentido nelas.

Em relação ao elo indissolúvel entre o sagrado e o sentido, devemos nos perguntar o que a substituição do amor aos princípios de sentido precedente muda na nossa concepção do sagrado e na ideia que fazemos do que deveria ser uma "vida boa". De fato, não estamos mais apenas em um humanismo do direito e da razão, mas em um humanismo — o que eu chamo de "segundo humanismo" — que, diferentemente do primeiro, abre-se plenamente à "alteridade", à diversidade das civilizações e, mais geralmente, valoriza, cultiva, promove uma paleta infinitamente mais ampla de dimensões de existência a partir das quais os humanos podem, como se diz, "realizar-se". Não é mais indiferente que a Europa tenha passado do imperialismo colonial de Jules Ferry,* verdadeiro símbolo do primeiro humanismo republicano, à *Aide Publique au développement*,** que ilustra bem as exigências do segundo humanismo.

Vamos mais longe. Já mencionei meu projeto de elaborar um "humanismo não metafísico", um humanismo que, diferentemente do primeiro, não se desfaz sob os golpes da desconstrução nietzsche-heideggeriana. Nessa perspectiva, é bastante notável que esse princípio do amor, examinado sob a ótica da fenomenologia da

---

* Jules Ferry (1832-1893) foi o ministro que tornou a escola francesa gratuita, laica e obrigatória, mas que também fazia apologia da expansão colonial francesa. (N. T.)

** A ADP faz aportes públicos (doações ou empréstimos) a países em desenvolvimento para melhorar suas condições de vida. (N. T.)

A revolução do amor

experiência vivida, não seja, justamente, um princípio metafísico; ele não cai sob os golpes da "desconstrução" do humanismo tradicional levada a efeito por Nietzsche e Heidegger. Por quê? Sem entrar aqui em uma argumentação muito sofisticada, digamos simplesmente que essa transcendência do outro que eu sinto na experiência do amor não é um princípio abstrato, uma ilusão idealista, um valor caído de um céu cósmico ou divino, mas uma experiência vivida, e mesmo a mais imanente e mais espontânea que existe: o amor, como a beleza, impõe-se a nós como uma espécie de transcendência. Mas essa transcendência que me faz "sair de mim", de meu egocentrismo, manifesta-se diretamente na intimidade mais secreta, na imanência mais radical à minha subjetividade sensível. Fazemos a experiência da transcendência do outro, da alteridade, mas, ao contrário de todas as transcendências metafísicas, essa transcendência não cai do alto, nem do Cosmo nem de Deus, nem mesmo da razão prática e do simples "respeito" racionalmente devido aos outros. Eu não vivo essa transcendência em nenhum outro lugar — retomando a fórmula cardinal da fenomenologia de Husserl —, a não ser na mais íntima das imanências, a que é traduzida em todas as línguas pela metáfora universal do "coração".

O primeiro humanismo, o humanismo republicano, o dos direitos e da razão, do "Iluminismo" e da objetividade triunfante, tomou "marteladas" (Nietzsche) das filosofias da desconstrução. Muitas vezes sem razão, mas às vezes também com argumentos fortes, elas denunciaram o caráter arbitrariamente limitante e parcialmente ilusório de seus pressupostos. Mas o segundo humanismo escapa às objeções habituais da "desconstrução", porque ele nasce de uma experiência de transcendência que não é mais, rigorosamente falando, "metafísica", de uma transcendência imposta a nós a partir do que Husserl chama de "mundo vivido" (*Erlebnis*), sem passar por qualquer entidade supostamente "acima" da vida, em suma, sem ceder às ilusões tradicionais da metafísica.

CLAUDE CAPELIER — *Me parece que existe uma relação estreita entre a "liberação", de que falamos, de dimensões até então negligenciadas da existência, sob o efeito da "desconstrução" e da emergência do amor como novo fundamento dos valores mais preciosos para nós hoje. Os artistas que abriram novas vias onde seus antecessores viram apenas impasses, os filósofos que tentaram pensar estratos da existência até então não pensados, os indivíduos que fizeram recuar o peso das convenções, todos tornaram, por assim dizer, mais deleitável e atraente o que fora por muito tempo rejeitado. O único ponto comum a esses procedimentos que vão nas direções mais variadas é, pois, o amor. Concluo que a revolução do amor é um aprofundamento do período de desconstrução: cavando suficientemente sob a explosão da desconstrução, achamos o princípio de coerência que a revolução do amor trouxe à luz.*

LUC FERRY — Sim e não. Talvez se deva expressar com mais exatidão as relações do segundo humanismo com os dois estágios precedentes da "breve história do sentido" que apresentei antes. Falaremos disso mais a fundo e mais claramente no próximo capítulo, mas digamos desde logo, para evitar um mal-entendido, que o que chamo de segundo humanismo não pretende, ao contrário do que fazia sobretudo a desconstrução heideggeriana, abolir o primeiro. A razão e os direitos do homem continuam sendo valores cardeais, e eu não rejeito o Iluminismo, não o incluo entre as ilusões da "metafísica da subjetividade" (Heidegger), do "niilismo" (Nietzsche) ou da "ideologia burguesa" (Marx).

A revolução do amor 95

Para mim, trata-se de operar uma reinterpretação a partir de um princípio que me parece superior. A desconstrução resultava em um anti-humanismo radical (a "morte do Homem", de Foucault) que eu continuo a rejeitar. Em compensação, a desconstrução dos modos de vida tradicionais vai, com efeito, liberar dimensões do humano às quais fizemos alusão há pouco, o inconsciente, o corpo, o sexo, o irracional etc., que as formas de vida tradicionais relegavam a segundo plano ou mesmo combatiam como "impuras": seja nas grandes religiões ou nas grandes metafísicas racionalistas e até no humanismo em sua fase inicial, eram sempre privilegiadas a racionalidade clara, a bela forma, o inteligível, em vez do sensível, a ideia, em vez da carne, a coerência, em vez da loucura, a ordem, em vez do prazer etc. Em suma, valorizava-se o que Nietzsche chamava de apolíneo, em vez de o dionisíaco. Marginalizavam-se as dimensões do humano que acabo de mencionar, ou seja, as dimensões "irracionais" ou "desordenadas" da pessoa, marginalizavam-se as dimensões da alteridade em relação ao que a razão platônica ou cartesiana privilegiava. Elas não só não eram liberadas como eram, na escola pública, por exemplo, combatidas permanentemente. O uniforme era seu símbolo: nada podia superá-lo.

Contrastando com a família tradicional, o casamento por amor é um casamento escolhido por paixão, que dá lugar central ao amor erótico — o que não existia de direito na família durante as épocas passadas. Dirão como resposta que o amor sempre foi valorizado pela religião cristã e que ela era dominante na nossa velha Europa. Ainda na minha infância, 85% dos franceses se diziam católicos. Sem dúvida, mas se a Igreja sempre pregou o amor, ninguém ignora que ela jamais valorizou o amor erótico, menos ainda o amor-paixão, o qual, ao contrário, sempre tratou de criticar: via nele o risco de perigosa passividade, até mesmo de esquecimento do único amor válido, o amor "em Deus", para retomar a fórmula de Santo Agostinho. O que é valorizado na ética cristã, como na ética republicana, aliás, é a coragem, a bravura, é a vitória sobre a preguiça, sobre a animalidade em nós, sobre o corpo, sobre o sexo etc. A ternura e a fraternidade, sim, o amor-paixão, não.

Colocando-se a paixão e o erotismo no coração do casamento, deixando entrar por assim dizer o lobo no habitat das ovelhas que é a família, valoriza-se um sentimento humano, provavelmente humano demais aos olhos da Igreja. O quinto princípio (o amor) é, ao menos em parte, um pouco o herdeiro do quarto (a desconstrução), uma vez que rediscute a desconstrução do humanismo no qual o quarto princípio simplesmente, e erroneamente, parou. Há aí, verdadeiramente, uma *Aufhebung* (uma "ultrapassagem que conserva") no sentido hegeliano, e é o que manterei da filosofia da História de Hegel. Embora essa sucessão de cinco princípios não forme um sistema racional, ainda assim há uma lógica da história, ainda assim há um progresso (se, ao menos, somos humanistas, vemos necessariamente um progresso). O que nos leva naturalmente a abordar a questão das mudanças que a revolução do amor induz na esfera política.

Como a revolução do amor é chamada a transformar radicalmente os desafios coletivos e a vida política

Eu disse que a filosofia era uma doutrina de salvação sem Deus, uma busca pelo sentido da vida com os recursos básicos de que

A revolução do amor 97

dispõem os homens, sem pretensão à imortalidade, apenas com a lucidez da razão. Ela propõe uma *espiritualidade laica*. O amor que, por definição, aplica-se potencialmente a todas as nossas disposições permitirá ligar, dentro de um *sistema* filosófico coerente, cada uma de nossas atividades a um princípio de sentido com um poder sem paralelo: a *espiritualidade laica* que vamos descrever nos próximos capítulos deve ser entendida no sentido em que Hegel falava de uma filosofia do Espírito: ela repousa na ideia de que as atividades humanas, inclusive as mais materiais, estão sempre englobadas em uma problemática espiritual, um olhar do Espírito, da inteligência, o que lhes confere um caráter especial. É a marca da humanidade. Freud mostrou que até ao ato de amor aparentemente mais animal, o ato sexual de reprodução propriamente dito, nós "acrescentamos", diferentemente dos animais, mil "preliminares", expressões sensatas, palavras ou gestos "espirituais" que acompanham o desejo e o prazer, durante e depois do acasalamento.

Para todas as práticas, quer digam respeito à educação, à arte, à economia, à política ou ao direito, podemos por certo encontrar (é a que se dedicam hoje alguns biólogos especializados em etologia) equivalentes animais, mas o que caracteriza as esferas da ação humana é serem sempre atividades espirituais, intelectuais, é terem uma visão de mundo subentendida por um olhar filosófico. É o que Hegel, esquematicamente, chama de "vida do Espírito", e estou com ele sobre esse ponto, mesmo que não compartilhe do ideal de sistematicidade de sua filosofia da História. O que eu queria mostrar é como a revolução do amor abala as três esferas da vida do Espírito que me parecem cruciais e que ultrapassam o âmbito da vida privada: a política, a educação e a arte.

A educação se desenvolve, com efeito, dentro da família, mas se prolonga também na rede de ensino, na educação nacional, como se diz, ou instrução pública, para empregar o vocabulário do primeiro humanismo. A arte remete a uma experiência íntima, claro, e o gosto, como diz o ditado, é "subjetivo", mas é também um dos lugares do senso comum em torno do qual se reúnem os humanos, além das fronteiras e das classe sociais, e que por isso eles chamam de "grandes obras". Tocam-se concertos de Mozart tanto em Pequim quanto em Bombaim ou Londres. Por fim, não preciso explicar que a *política* é a esfera pública por excelência.

É fascinante ver como uma revolução que, em uma primeira abordagem, parece de natureza privada, desorganiza democraticamente as três esferas. Digo "democraticamente", pois é próprio da democracia refletir as preocupações mais fundamentais dos indivíduos até na vida política, e ser, mais do que qualquer outro regime, receptiva a suas influências.

Capítulo 2

A política na aurora de uma nova era

Da revolução do amor
à preocupação com as gerações futuras

LUC FERRY — O triunfo do casamento por amor pela via do nascimento do indivíduo moderno emancipado das tradições, mas também pela via da desconstrução dos valores tradicionais, que libera dimensões da existência humana até então mais ou menos ocultas, enseja o nascimento — acabamos de ver por que e como — de uma nova visão de mundo, de uma concepção inédita do que verdadeiramente dá sentido a nossas vidas. Para um número cada vez maior de indivíduos, a amizade e o amor, sobretudo pelos filhos, mas não apenas, tornam-se pouco a pouco um novo princípio fundador da visão da existência e dos valores espirituais a partir dos quais apreendem a própria história e as escolhas mais decisivas.

Mesmo que a revolução do amor tenha se manifestado de início na vida privada, é preciso compreender que ela também é a chave de uma perturbação comparável na esfera pública, inclusive, e talvez sobretudo, em um domínio onde as paixões íntimas supostamente estão excluídas em proveito de um único interesse: a política. E é por isso que eu agora gostaria de mostrar como a revolução do amor induz a uma reconfiguração profunda de nossos ideais e práticas políticas, cuja dinâmica encarrega-se de metamorfosear o rosto de nossas democracias. Uma vez reveladas as vias por onde o novo princípio de sentido se incorpora na composição de nossa vida coletiva — por mais afastada dele que pareça estar —, poderemos entender sua influência, não menos espetacular, no campo da arte e no da educação.

O irresistível declínio dos dois grandes focos de sentido em torno dos quais se cristalizava a política há dois séculos: a Nação e a Revolução

Vamos ao essencial: dois grandes focos de sentido animaram a vida política europeia depois da Revolução Francesa: a Nação e a Revolução. Emprego a palavra "foco" para sugerir alguma coisa análoga ao ponto de fuga em um quadro em perspectiva, a *confluência* onde todos os aspectos particulares da representação se organizam, encontram suas justas proporções e adquirem todo seu sentido. Os dois princípios políticos de que falo desempenharam papel absolutamente análogo: davam um significado de conjunto a todos os projetos particulares, econômicos, sociais, educativos, culturais etc., dos quais se encarregavam os ministérios nos diferentes governos. A direita privilegiava a ideia nacional ou patriótica; a esquerda, a ideia revolucionária. Havia, é lógico, pontos de passagem possíveis

A *política na aurora de uma nova era* 101

entre as duas: o ideal revolucionário podia se colorir de nacionalismo ou de patriotismo. Mas cada uma conservava seu sistema de
valores e de interpretação, cujas lógicas respectivas se excluíam.
Quando eu era jovem, o jornal dos gaullistas chamava-se *La Nation*
e todos os meus amigos, em Maio de 1968, quer fossem trotskistas,
maoistas, libertários ou comunistas, eram ou se diziam necessariamente "revolucionários". Havia, como se diz, grandes "desígnios" na
utopia da esquerda e de certo modo também na direita, onde "uma
certa ideia da França", encarnada pelo general De Gaulle, repre-
sentava para seus simpatizantes um ideal de grandeza superior aos
interesses particulares e às querelas partidárias. Sinal dos tempos,
quando o general De Gaulle morreu, vários jornais estamparam o
mesmo título: "A França está viúva." Sem querer ser cruel, algum
jornal hoje, nas mesmas condições, exibiria semelhante título sobre
um político qualquer, sem parecer absurdo, totalmente ridículo?

Evidentemente, a razão disso é que, sob o efeito da grande desconstrução dos valores tradicionais já mencionados, os dois focos
de sentido em questão — a Nação e a Revolução — estão doravante,
para as novas gerações e mesmo para a nossa, senão inteiramente
mortos, pelo menos incrivelmente corrompidos, como uma taça de
champanhe cujas bolhas e o frescor desapareceram. Claro, e tivemos
a oportunidade de mencionar no capítulo precedente, resta e res-
tará provavelmente ainda muito tempo um punhado de nacionalistas extremos, patriotas à antiga, como subsistirão também alguns
revolucionários. A democracia é, por excelência, o lugar de todas as
contraculturas — e é a razão pela qual seu desaparecimento nunca
poderá ser total. É mais uma pose, contudo, do que um combate real,

mais uma postura do que uma visão realista do mundo e ninguém acredita seriamente que os líderes desses movimentos extremistas possam um dia exercer o poder. Além disso, os que ainda defendem, no Oeste da Europa, nacionalismos dogmáticos ou utopias revolucionárias, vão buscar o apoio de seus compatriotas nas urnas e não pretendem impor seu programa pela violência, o que marca uma notável diferença do discurso maoista dos anos 1960, que conclamava a violência das massas para enforcar, segundo a fórmula canônica, "o último patrão com as tripas do último padre".

Ao contrário de uma ideia preconcebida, o crepúsculo dos ideais tradicionais não anuncia o "desencantamento do mundo", a "era do vazio" nem a "melancolia democrática", mas, ao contrário, seu "reencantamento"

A agonia dos "grandes desígnios" nacionalistas ou revolucionários anuncia o "desencantamento do mundo", para retomar o título, em forma de homenagem a Max Weber, que Marcel Gauchet deu a um de seus mais belos livros? Vamos inaugurar a "era do vazio", como sugere Gilles Lipovetsky? Estamos fadados à "melancolia democrática", segundo a expressão de Pascal Bruckner? Essas três fórmulas expressam, no fundo, ideias vizinhas quanto ao diagnóstico (o fim das utopias, bem como das grandes paixões) e ao prognóstico (advento de uma época desprovida de convicções duradouras ou de projetos coletivos entusiasmantes, oscilando entre empolgações excessivas, porém efêmeras, e um individualismo cético vagamente depressivo).

A política na aurora de uma nova era 103

Não creio em nada disso. Tais expressões encerram inegavelmente uma parte de verdade que os três livros expõem com brio. Falta-lhes contudo o essencial. O que estamos vivendo não é o fim do sagrado ou do sentido na política; é, ao contrário, a emergência de uma nova figura do sagrado, o que eu chamo de "sagrado com rosto humano", em outras palavras, a sacralização do outro, ligada à emergência de uma problemática coletiva absolutamente nova, de alguma maneira moldada pelo modelo do casamento por amor, e que vai *se expressar cada vez mais através de uma preocupação inédita com as gerações futuras*. Há uma espécie de refração da vida privada na vida pública. Entroniza-se a preocupação com as gerações futuras como o novo foco de sentido, e seu papel vai se tornar aos poucos análogo ao desempenhado pelas ideias nacionalistas ou revolucionárias no passado.

Que mundo vamos deixar para os que mais amamos, a saber, nossos filhos, e, mais geralmente, para os jovens, para os que virão depois de nós? Eis, ao que me parece, a questão política nova, para dizer a verdade a única novidade há dois séculos, como demonstra o fato de o movimento ecológico, o primeiro que levou isso em conta, ser também, se refletirmos bem, o único movimento político novo depois da Revolução Francesa. Longe de ser um acaso, é uma consequência direta da valorização da preocupação com os filhos, valorização engendrada pela revolução do casamento por amor. A preocupação com as gerações futuras abre um espaço comum entre a esfera privada (o sentimento que floresce na família e conduz a sacralizar os que ele literalmente transfigura) e a esfera pública (futuro dos jovens e, ademais, da humanidade inteira), por duas razões pelo menos: de um lado, porque o mundo que vamos

104 DO AMOR

deixar para nossos filhos confunde-se por definição com o que vamos deixar para todos os humanos; de outro, escolher para todos os humanos as orientações que julgamos serem as melhores para nossos próprios filhos é partir de um critério bastante confiável na busca das soluções mais justas, mais generosas e mais ponderadas. Para dizer mais simplesmente, quando fui ministro da Educação, evidentemente não fiz uma reforma para minhas três filhas. Eu fiz, obviamente, uma reforma para todas as crianças da França. Era para a coletividade, não para a vida privada. Contudo, eu me fazia permanentemente a pergunta que, creio, constitui o melhor critério: se a reforma devesse se aplicar àquelas a quem mais amo, eu a faria ainda assim? Seria exatamente essa que eu escolheria?

A ecologia é o primeiro movimento político novo a concorrer com a dominação secular do liberalismo e do socialismo

Insisto um pouco mais, pois é um ponto essencial e pouco contestável: não é por acaso que a ecologia é o único movimento político novo desde a Revolução Francesa. O liberalismo e o socialismo dominaram nossas representações políticas a partir do começo do século XIX, sob as críticas cruzadas da extrema direita contrarrevolucionária e da extrema esquerda hebertista, babeuvista* ou anarquista. Em outros termos, a paisagem política já estava constituída

---

* Hebertista: partidário das ideias de René Hébert (1757-1794), revolucionário francês, autor de Père Duchesne. Babeuvista: partidário das ideias de François Babeuf (1760-1797), revolucionário francês. (N. T.)

A política na aurora de uma nova era 105

nos dias seguintes a 1789. Se a ecologia contesta hoje o monopólio de que gozavam há muito tempo aquelas doutrinas, é justamente por ser o único movimento que, a despeito de suas numerosas fraquezas, tem ao menos o mérito de colocar a questão das gerações futuras, restabelecendo assim os dois elementos provavelmente mais fundamentais de qualquer grande política digna do nome: em primeiro lugar, uma problemática de longo prazo em uma sociedade na qual o imediatismo tornou-se verdadeiro flagelo na política assim como nas finanças ou nas mídias e, em segundo lugar, uma dimensão de certo modo sacrificatória, tendo em vista a necessidade de se fazer um esforço para preservar as chances de uma futura vida boa para os que amamos.

A ecologia — e é seu principal ponto forte — leva, pois, ao centro do debate político, a questão do futuro e da parte de sacrifício que o dever de deixar às gerações futuras um mundo onde possam se desenvolver exige de nós. Ela nos incita a sair do imediatismo próprio do capitalismo globalizado e das democracias midiáticas.

O "segundo humanismo" vai reorganizar todas as grandes questões políticas sob a égide do novo foco de sentido que é a questão das gerações futuras

Na esteira do nascimento da família moderna, o papel central que a preocupação com as gerações futuras é chamado a desempenhar na nossa concepção da política não conduz apenas a uma maior atenção à problemática do meio ambiente. Longe disso. Ele coloca também no centro das preocupações o imperativo de reduzir

106 DO AMOR

a dívida pública (vamos deixá-la pesar sobre os nossos filhos?), a necessidade de evitar um "choque de civilizações" (vamos deixar para nossa juventude um mundo em guerra com povos dominados pelo fundamentalismo e pelo integrismo?), mas igualmente a questão do futuro da proteção social no jogo de *dumping* econômico e monetário que é hoje a globalização (nossos jovens ainda poderão pagar suas aposentadorias, financiar o desemprego, o auxílio-doença etc.?).

Em outras palavras, e é o essencial, *todas as grandes questões políticas, não apenas as questões da vida privada, vão se reorganizar sob a égide do novo foco de sentido constituído pela problemática das próximas gerações, acarretando importantes efeitos no futuro, inclusive a adesão à ideia de sacrifícios indispensáveis.* O que não é mais o caso nos outros focos de sentido, doravante abstratos, desvigorados, para não dizer puramente verbais, que são a Nação e a Revolução.

A reorientação completa da política em torno da questão das gerações futuras é a tradução, na esfera pública, do que eu chamo de "segundo humanismo". O humanismo do amor, nascido da revolução que abala a família desde a Idade Média, engendra o que chamo de *segunda ideia republicana*, que amplia e reconstrói de outra maneira o primeiro republicanismo, o dos direitos e do Iluminismo, do esforço pela pátria, republicanismo ao mesmo tempo revolucionário (ou reformista) e nacionalista encarnado de início pelos jacobinos, depois por "grandes homens" como Jules Ferry ou Clemenceau, e ainda defendido por políticos "soberanistas" tanto da direita quanto da esquerda.

As três jaças do primeiro humanismo

Para bem compreender a necessidade do segundo humanismo, é preciso primeiro destacar, como praticamente nunca se faz, o que falta ao primeiro e o conduz inevitavelmente a contradições inaceitáveis. É uma questão cuja real dimensão só avaliei recentemente. Fui por muito tempo um republicano "do tipo clássico", herdeiro do Iluminismo, de Voltaire, dos enciclopedistas e de Kant. Foi só a partir de meu livro *O Homem-Deus ou o sentido da vida* (Bertrand Brasil, 2007), que verdadeiramente comecei a perceber a necessidade de um segundo humanismo, um humanismo do amor, um humanismo que não se reduzisse à filosofia racionalista do Iluminismo, de um lado, e dos direitos do homem e da ideia republicana, de outro.

Como o primeiro humanismo ou, se quisermos — vem a dar no mesmo —, o primeiro republicanismo moderno (deixemos Roma de lado) adquiriu a tripla jaça que, longe de ser um acidente de percurso, revela-se à análise como uma consequência inevitável, essencial, de seu próprio projeto? Vemos seus estragos ao longo dos séculos XIX e XX, com a abismante defasagem entre os princípios universalistas dos direitos do homem e, no próprio âmbito da ideia republicana, o Terror revolucionário, a manutenção, até mesmo o desenvolvimento da escravidão, as violências da colonização. Como explicar as extorsões iníquas, o reinado da força bruta, os massacres que fizeram milhares de mortos em nome do ideal republicano ou, no mínimo, apesar dele?

CLAUDE CAPELIER — *Seria preciso acrescentar a contradição estarrecedora relacionada ao status das mulheres. A Declaração dos Direitos do Homem e do Cidadão aplica-se, em princípio, tanto às mulheres quanto aos homens e deveria ter conduzido a uma igualdade de condições entre os sexos, que só começará a se realizar dois séculos mais tarde!*

LUC FERRY — Sem nenhuma dúvida, mas, para começar, mencionei os casos de infração dos direitos do homem cometidos no âmbito da ideia republicana, envolvendo não somente injustiças como também atos reais de terror e extermínio, em suma, crimes contra a humanidade. Complementando o que você disse, basta lembrar que alguns manuais de história e de ciência política por muito tempo informaram, e alguns talvez ainda continuem informando, que o sufrágio universal foi instaurado na França em 1848! Mas está errado, uma vez que se trata apenas de sufrágio universal masculino. Como se sabe, será necessário esperar pela segunda metade do século XX para que o voto das mulheres se torne progressivamente uma realidade nas democracias europeias. Lembro sempre que na Suíça, país no entanto moderno, europeu e democrático, sob certos aspectos bem mais democrático do que a França, o último cantão a conceder o direito de voto às mulheres, só o fez em 28 de abril de 1991!

Voltemos ao nosso fio condutor, a saber, a profunda defasagem entre os ideais apregoados e a realidade de sua aplicação. Ao contrário do que a maior parte dos republicanos categóricos afirma hoje em dia, não foi simplesmente um efeito contingente, bizarro, "inércias históricas", consequências do que se chama também de "espírito do tempo", que teriam retardado a realização dos princípios

A política na aurora de uma nova era   109

sublimes; nós vamos ver que se deve, ao contrário, a defeitos graves de concepção da ideia republicana em si. Entretanto, tudo começa no exato momento da Revolução, com, sobretudo, a sublime e prometedora Declaração dos Direitos do Homem, no cerne da ideia republicana.

O cerne da ideia republicana "à francesa": o ser humano tem direitos, abstração feita de todos os seus enraizamentos comunitários

Antes de mencionar os três vícios originais do primeiro republicanismo, é preciso lembrar, ainda que brevemente, como a concepção republicana dos direitos do homem "à francesa" foi ao mesmo tempo, na origem, grandiosa e prometedora. O que está no cerne da declaração de 1789 é com efeito um *humanismo abstrato* do qual se espera uma emancipação universal, aplicável à humanidade inteira. A palavra "abstrato" deve ser entendida aqui no sentido mais forte, no sentido etimológico do termo: ela afirma — e a declaração de 1789 é bastante diferente, por exemplo, da declaração dos americanos, de 1776 — que o ser humano tem direitos, merece ser respeitado, *feita a abstração* de todos os seus enraizamentos comunitários. Os revolucionários franceses não consideram mais o ser humano como *membro* de um *corpo* social — e as metáforas biológicas chamam atenção —, ele é um indivíduo capaz de se abstrair, de se libertar de todos os pertencimentos a uma comunidade, quer sejam os comunitarismos religiosos, étnicos, linguísticos, culturais ou mesmo nacionais e patrióticos. É a ideia de que o ser humano, mesmo "nu", fora da comunidade, deve ser respeitado e protegido.

Daí a reação dos contrarrevolucionários. Lembremo-nos sempre, como particularmente emblemática, da frase de De Maistre que ilustra a recusa da concepção do homem fundada somente na liberdade, e que eu cito de memória: "Na minha vida vi franceses, italianos, russos; sei até, graças a Montesquieu, que se pode ser persa; mas quanto ao homem, declaro nunca tê-lo encontrado na vida; se ele existe, é sem que eu saiba." Edmund Burke diz a mesma coisa na Inglaterra: ele conhece o direito dos alemães, dos ingleses ou dos franceses, mas não conhece os direitos do homem, pois não conhece o homem em geral.

A ideia do humanismo abstrato, cheia de grandeza e promessas, está também na base de nossa concepção de laicidade republicana, uma vez que dá a entender que o ser humano, por sua liberdade, tem o poder, mas também o dever de se emancipar de todos os "grupos de pertencimento" aos quais possa estar ligado, inclusive em matéria de religião. Como dirá Rabaut Saint-Étienne: "Nossa história não é nosso código." Nossa história não é semelhante a uma espécie de programa de informática, ao qual seríamos obrigados a obedecer, que seríamos obrigados a repetir.

O que é a liberdade do primeiro humanismo? É justamente a capacidade de se livrar de todos os códigos que pretendem nos definir, ditar nosso destino, quer tais códigos sejam os da Natureza ou da História. É, no fundo, o antideterminismo, a ideia de que o ser humano é livre no sentido em que não é prisioneiro de nenhum determinismo natural e biológico, nem sociológico e histórico. Não quer dizer que ele não esteja "em situação", como dirá Sartre: somos homem ou mulher, é inegável, nascemos também um uma sociedade, em uma época, com uma língua e uma cultura,

A política na aurora de uma nova era   111

em um meio social, tudo isso é óbvio. Contudo, existe uma diferença entre "estar em uma situação determinada" e "ser determinado por essa situação": as circunstâncias podem ser restritivas, mas, enquanto estamos vivos, nunca somos um mero joguete. Temos uma margem de manobra para alterá-las para nossos fins ou delas nos libertarmos. Tal é a bela e profunda noção de liberdade sobre a qual se assenta a ideia republicana à francesa.

A dupla historicidade da humanidade

Essa definição de liberdade, entendida como faculdade de desarraigamento, já aparece no Renascimento, sobretudo no magnífico *Discurso sobre a dignidade do Homem*, (Ed. 70, 2006), de Giovanni Pico della Mirandola (1486), mas ela só será plenamente desenvolvida por Rousseau, no seu *Discurso sobre a origem e os fundamentos da desigualdade entre os homens* (L&PM, 2008). Sua primeira consequência — veremos em seguida como ela fundará um certo colonialismo — é uma definição do ser humano como ser de historicidade. Se não somos prisioneiros de uma natureza humana eterna, anistórica, é porque podemos, com nossa liberdade, forjar nosso destino, fazer nossa história. O homem, com sua liberdade, vai, pois, ser representado como sujeito de uma dupla historicidade, como brilhantemente mostrou Alexis Philonenko, no seu belo prefácio de *Réflexions sur l'éducation* [Reflexões sobre a educação], de Kant: *o ser humano, diferentemente do animal, regido por toda a eternidade e para sempre por seu instinto natural, caracteriza-se por uma dupla história — a do indivíduo (chama-se educação) e a coletiva, da espécie (chama-se cultura e política).*

A pequena tartaruga marinha, guiada pela natureza, sabe fazer tudo tão logo sai do ovo — andar, nadar, comer —, sem nenhuma ajuda dos pais; já o filhote do homem tem necessidade de uma longuíssima história individual para crescer, educar-se, aprender. Se quisermos resumir o fato com um pouco de humor, basta observar que, diferentemente da tartaruguinha marinha, a criança fica em casa, às vezes até os 25 anos. Historicidade da educação!

Quanto à segunda historicidade, a da espécie, que acarreta a transformação incessante das sociedades, a sucessão dos acontecimentos políticos, a evolução das civilizações, ela vai carregar a memória das gerações para levar os homens a construir um mundo que é cada vez mais obra sua e cada vez menos submetido às contingências naturais. Enquanto as sociedades animais, guiadas pela natureza, são sempre as mesmas (cupinzeiros, formigueiros, colmeias não mudam ao longo de dezenas de milhares de anos, ao menos enquanto a evolução biológica das espécies não engendra novas variantes), Paris, Londres ou Nova York mudam de dez em dez anos, e mais ainda de século em século; em um período de quinhentos ou mil anos, essas cidades se tornam completamente irreconhecíveis. Pois, como diz Rousseau, o ser humano é, graças a sua liberdade, o ser de "perfectibilidade", o ser de História.

Essa ideia, de imensa profundidade, é o fundamento de toda a política moderna, ao menos de toda a política republicana: o ser humano é um ser de perfectibilidade, de liberdade e de história porque nele, escreve Rousseau com uma fórmula que todo republicano pode tomar como sua, "a vontade continua falando quando a natureza se cala".

A política na aurora de uma nova era 113

Por que o primeiro humanismo traiu parte de suas promessas

Nessas condições, como explicar que concepções tão magníficas possam ter produzido ou aceitado as consequências assustadoras mencionadas anteriormente (o Terror revolucionário, a escravidão, a colonização)? Qual o problema da ideia republicana? Como anunciei, apesar de um apego real à liberdade, à igualdade e à fraternidade, em suma, apesar dos direitos do homem, ela vai também engendrar três princípios novos que vão conduzi-la a sustar a nobreza dos valores fundadores iniciais: o nacionalismo, o ideal revolucionário, por fim, um racismo de forma particular, que estará na origem do olhar colonial, ligado à ideia de que, se a História e o Progresso são a marca suprema da "grandeza" do homem, tudo que não se inscreve na lógica da inovação pode ser visto como "atrasado", "subdesenvolvido", "primitivo", portanto inferior.

Retomemos, um depois do outro, esses três pontos, indo do mais simples ao mais profundo.

As três fraquezas constitutivas da ideia republicana: o nacionalismo, a ideia revolucionária e o olhar colonial

A armadilha do nacionalismo

A primeira razão que induziu nossos republicanos a sustar os ideais dos direitos humanos foi o nacionalismo. Em nome do ideal nacional e patriótico, vai-se com efeito justificar e praticar, senão a escravidão, pelo menos o que é sua sequência lógica, a saber, uma colonização cujos começos são de uma brutalidade inaudita. É que a "grandeza da França" surge como uma finalidade superior a qualquer outra, inclusive à de assegurar que não sejam alienados sob nenhum pretexto os direitos fundamentais do homem, ainda que proclamados inalienáveis. É muito claro em certos pequenos textos de Tocqueville que são, a esse respeito, tão surpreendentes quanto instrutivos. Se, em *Da democracia na América* (Principia, 2007), ele se mostra o maior e mais inteligente adversário da escravidão, parece esquecer todos os seus princípios quando se trata da Argélia, a propósito da qual torna-se um feroz partidário da colonização mais atroz, a conduzida pelo general Bugeaud.*

Como explicar a dupla linguagem? Deve-se, evidentemente, a que, em se tratando da América, Tocqueville aferra-se aos princípios, enquanto que, no caso da Argélia, a ideia nacional reforçada exige a seu ver que se ponha entre parênteses os referidos princípios, no interesse superior da Nação. Ainda assim, é difícil entender como um pensador dessa envergadura pode cair em uma contradição tão grosseira por puro oportunismo. Mas é que um motivo, decisivo para ele, o incentiva: em um período da História no qual vê progredir o *páthos* democrático de uma sociedade que tende à igualdade, propícia a paixões serenas, mas a seus olhos medíocres, ele acha que a única transcendência que ainda subsiste em um mundo centrado nos indivíduos é a de Nação. O único objetivo sacrificial, o único motivo de sentido que continua grandioso na política é a ideia nacional.

---

* Thomas Bugeaud (1784-1849) foi governador-geral da Argélia entre 1840 e 1847. Sob seu governo, a pacificação da Argélia conhecerá seus episódios mais sangrentos. (N. T.)

A política na aurora de uma nova era 115

Comparar *Da democracia na América* com os escritos que o mesmo Alexis de Tocqueville dedica à colonização na Argélia provoca um efeito garantido de sideração: é um pouco, eu ousaria dizer, Doutor Tocqueville e Mister Alexis! O primeiro é um militante sublime da abolição da escravatura; o segundo, um cínico partidário do general Bugeaud, pronunciando discursos inflamados à sua glória, contra os filantropos que denunciam crimes cometidos na Argélia e lembram que o fim não justifica os meios. Tocqueville, que, em *Da democracia* denuncia a escravidão dos negros, que considera abjeta a maneira como são tratados os índios, "vira a casaca", é o caso de dizer, quando se trata dos interesses superiores da França no Norte da África. Adere totalmente aos múltiplos crimes de guerra que o exército comete na época, nos anos 1840, até nos seus detalhes mais abomináveis: matar de fome as populações mandando queimar as colheitas, destruir e pilhar os vilarejos, separar as mães e as crianças, exterminar argelinos às centenas em grutas, tocando fogo dentro...

Tzvetan Todorov teve a excelente ideia de publicar os textos inquietantes e fascinantes nos quais Tocqueville defende as conquistas da França no Norte da África, sob o título *De la colonie en Algérie* (Da colônia na Argélia). Neles vemos títulos tristemente sugestivos: "Que espécie de guerra podemos e devemos fazer contra os árabes"; "Meios empregados para fazer a guerra economicamente, com menos perdas" (esses meios são os de Bugeaud, que acabo de mencionar). O contraste é total com a passagem de *Da democracia na América*, intitulada "Contra o europocentrismo colonial e escravagista", onde se lê o seguinte: "Não diríamos, vendo o que se passa no mundo, que o europeu é para os homens de outras raças o que o próprio homem é para os animais?" Em *Da democracia na América*, eu insisto, Tocqueville é absolutamente hostil ao europocentrismo: ele condena, com a maior firmeza, a maneira como os europeus se conduziram com as populações indígenas ou de origem africana. "O sucesso dos cherokees", escreve ele, "prova que os índios têm a faculdade de se civilizar", e ele se opõe absolutamente à escravidão: "O cristianismo é uma religião de homens livres. Na ideia cristã, todos os homens nascem livres e iguais", razão pela qual a Declaração dos Direitos do Homem lhe parece, com razão, uma secularização da ideia de igualdade cristã tal como é expressa através da *Parábola dos Talentos*: "Somos nós, europeus, que demos sentido determinado e prático à ideia cristã de que todos os homens nascem iguais e que a aplicamos aos fatos deste mundo. Somos nós que, destruindo no mundo todo o princípio de castas, de classes, e encontrando, como se disse, os títulos de gênero humano que estavam perdidos, fomos nós que, difundindo em todo o universo a noção de igualdade dos homens diante da lei, como o cristianismo criou a ideia de igualdade de todos os homens diante de Deus, digo que somos nós os verdadeiros autores da abolição da escravatura." Bela meditação, que estabelece com bastante *finesse* uma filiação entre a ideia republicana e a herança cristã: a igualdade diante de Deus é transposta para a igualdade diante da lei.

O que Todorov mostra muito bem na apresentação desses textos é que os discursos nos quais Tocqueville parece abjurar suas convicções mais elevadas, pronunciando palavras que hoje seriam repetidas nos tribunais, só são possíveis por se referirem a um princípio transcendente, o de Nação, princípio que claramente lhe parece elevado o bastante para justificar a suspensão dos direitos do homem: "Nosso objetivo, antes de tudo, é que esses árabes independentes

A política na aurora de uma nova era 117

se habituem a nos ver se imiscuir em suas questões internas. Colonização sem dominação será sempre, na minha opinião, uma obra incompleta e precária." Ou ainda: "De início reconhecemos não ter diante de nós um verdadeiro exército, mas a própria população. Tratou-se menos de vencer um governo do que de esmagar um povo." Tocqueville se indigna quando acredita ver um sinal de tibieza ou, pior, de indulgência em relação aos "indígenas": "Em certos lugares, em vez de reservar aos europeus as terras mais férteis, mais bem irrigadas, melhor preparadas do domínio, nós as demos aos indígenas." Escandaloso a seu ver! Defende então toda a política de Bugeaud: "É pouco atravessar as montanhas e lutar uma ou duas vezes contra os montanheses: para reduzi-los é preciso atacar seus interesses. Isso não se consegue passando como um traço, é preciso investir contra o território de cada tribo. É preciso se organizar de maneira a ter víveres suficientes para ficar lá o tempo necessário e destruir as aldeias, cortar as árvores frutíferas, queimar ou arrancar as colheitas, esvaziar os silos, vasculhar as ravinas, as rochas e as grutas para capturar as mulheres, as crianças, os velhos, os rebanhos e o mobiliário, pois só assim faremos capitular os orgulhosos montanheses. Por outro lado, tenho ouvido com frequência na França homens que eu respeito, mas que não aprovo, achar ruim queimarmos as safras, esvaziarmos os silos e, afinal, capturarmos homens sem armas, mulheres e crianças. Trata-se, na minha opinião, de necessidades desagradáveis, mas às quais todo povo que queira fazer guerra contra os árabes será obrigado a se submeter."

Cito-o longamente, pois é fascinante ver um homem tão inteligente escrever ao mesmo tempo os mais belos textos pela abolição da escravatura e os argumentos mais abjetos a favor do que

118   DO AMOR

hoje consideramos crimes de guerra contra populações do Norte da África. Ele expõe, de resto, esta singular concepção de etnologia: "Não se pode estudar os povos bárbaros, a não ser com armas na mão!"

As derivas crônicas do ideal revolucionário

As mesmas perversões, *mutatis mutandis*, vão manchar a tradição revolucionária. Onde a ideia patriótica susta os direitos do homem no estrangeiro, a ideia revolucionária os abole no próprio território nacional. E ela o faz já em 1793, com o Terror. A guerra de Vendée* incontestavelmente ensejou a um verdadeiro genocídio, fazendo centenas de milhares de mortos. Sem sequer evocar as devastações da guilhotina, os historiadores, sobretudo Pierre Chaunu, encontraram testemunhos que descrevem revolucionários partindo crânios de filhos de aristocratas contra as paredes do castelo, ou obrigando seus pais a saltar das galerias sobre alabardas brandidas por soldados, práticas no mínimo pouco conformes com o ideal dos direitos humanos então defendido. Victor Hugo descreveu cenas poderosas em *Quatre-vingt-treize* [Noventa e três]. Os episódios revolucionários franceses são o mais das vezes muito violentos: foi ainda o caso em 1848, bem como durante a Comuna de Paris (revolução e contrarrevolução confundidas).

Como a Nação para Tocqueville, a Revolução é um princípio de transcendência aos olhos dos revolucionários, uma grande causa sacrificial que lhes parece ultrapassar as promessas feitas

---

* Guerra de Vendée (1793-1796): insurreição contrarrevolucionária em resposta ao recrutamento de 300 mil homens pela Convenção de fevereiro de 1793. (N. T.)

A *política na aurora de uma nova era*   119

ao indivíduo cujos direitos, nessas condições, não valem mais muita coisa. As derivas revolucionárias, como as do nacionalismo, são inerentes às formas particulares de transcendência que as comandam secretamente. Uma parte essencial da história da Europa e de seus epígonos, no mundo inteiro, carrega seus frutos, mas também seus estigmas. Sabemos que a transposição da ideia revolucionária para os países comunistas fez mais de 100 milhões de mortos.

Em sua própria essência, por construção, a ideia republicana é, ao menos em suas primeiras versões, simultaneamente nacionalista e revolucionária. A ela aderiram tanto hebertistas, babeuvistas, jacobinos revolucionários quanto grandes teóricos da revolução nacional, como Sieyès.* É, de resto, o que explica que ainda hoje exista um republicanismo de direita, invocando com frequência o gaullismo contra os liberais, e um de esquerda, opondo-se também à ala liberal ("segunda esquerda") de seu campo.

E tem mais. Para além do nacionalismo e da ideia revolucionária, o ideal republicano contém, já na origem, uma certa propensão quase "natural" ao racismo colonial.

Uma propensão essencial ao racismo cultural
que mina secretamente a concepção republicana
da História

Hoje ninguém mais pode ignorar, salvo por gritante má-fé, o quanto o nacionalismo e a ideia revolucionária conduziram à suspensão dos direitos do homem. Contudo, imaginamos facilmente

---

* Emmanuel Joseph Sieyès (1748-1836): político francês e autor da famosa brochura *O que é o terceiro Estado?* (N. T.)

que seus excessos são da responsabilidade de extremistas cegos pela ideologia. Mas, na realidade, o nacionalismo e a ideia revolucionária estão no cerne da ideia republicana. No cerne do cerne dessa ideia esconde-se ainda um outro veneno, muito mais sutil e por isso muito mais perigoso. É o que, na carreira de Jules Ferry, pode parecer à primeira vista bastante contraditório, mas que, ao contrário — e veremos por quê —, é profundamente coerente: Jules Ferry foi ao mesmo tempo o defensor por excelência da educação republicana e o maior teórico da colonização. Note-se que não estamos mais nos referindo a um pensador de direita, como Tocqueville, nem a um revolucionário armado com uma faca entre os dentes, mas a uma figura moderada da esquerda republicana. Como explicar o aparente paradoxo?

Para entender, é preciso voltar à concepção republicana da História, fundada na lógica da perfectibilidade humana, na liberdade de que é dotado o ser humano, liberdade que o faz capaz de desarraigar-se dos "códigos" naturais e sociais, "de sua raça, assim como de sua classe". Através da liberdade, como vimos, ele entra em uma História inteiramente orientada para a ideia de Progresso, quer se trate de progresso individual pela educação, ou do progresso coletivo das ciências, das artes, das instituições políticas, da equidade social e dos costumes. O que poderia ser mais belo e mais entusiasmante? Contudo, é na raiz desse projeto grandioso, emblema do que a civilização europeia parece ter de melhor, que se distila o veneno que eu mencionei há pouco: pois se a concepção republicana da História e do Progresso é vista como um traço — no sentido próprio e essencial — de humanidade, o resultado quase inevitável é que as sociedades tradicionais, as sociedades sem história, as que

A política na aurora de uma nova era

se organizam em torno do respeito aos costumes, aos anciões e aos ancestrais, em suma, em torno do respeito pelo passado, e não do culto do futuro, só podem ser tidas como *inferiores*. O que, para um autêntico republicano, não significa evidentemente que elas o sejam "por natureza" (essa forma de racismo "biologizante" está em princípio excluída do pensamento republicano, inteiramente penetrado pela ideia de que o homem sempre pode desarraigar-se da natureza), mas que esses "infelizes", "abandonados pela História", devem ser educados, e se for o caso, a partir do exterior e à força! Nesse sentido, Jules Ferry tinha a convicção, como seus escritos revelam claramente, de estar aplicando na colonização o mesmo projeto educativo que elaborava para as crianças da França. Daí também o famoso "nossos ancestrais gauleses" repetido diante dos alunos de além-mar que, contudo, tinham poucas chances de ter longínquos ascendentes em alguma cidade da Gália antiga.

Assim, os colonizadores republicanos toparam com um problema que hoje pode ser compreendido, sobretudo depois de Lévi-Strauss e do nascimento da etnologia moderna, mas que, na época, eles não tinham meios de apreender: se a historicidade é própria do homem, como situar aqueles que consideramos excluídos dela? Se "o homem africano não entrou na História", como diz um discurso, doravante célebre, pronunciado pelo presidente Sarkozy em Dakar, como não se sentir tentado a fazê-lo entrar, senão pela força, ao menos a partir do exterior? Desfaçamos, tanto quanto possível, as ambiguidades relacionadas a esse tema, especialmente difíceis de superar por mobilizarem o cerne de nossas paixões democráticas. É claro que os povos da África entraram na História há muito tempo. E os etnólogos nos ensinaram o quanto as sociedades que

Lévi-Strauss chama de "selvagens" evoluem ao longo do tempo. Mesmo tendo em mente essas duas evidências, é preciso admitir que não há nada de escandaloso na tese que consiste em afirmar que "as sociedades tradicionais não entraram na História"; de resto, é exatamente o mesmo que dirão antropólogos como Pierre Clastres ou Claude Lévi-Strauss sobre elas. É próprio dessas sociedades, por se manterem ligadas exclusivamente a seu modelo cultural, recusarem o que nós, europeus, chamamos de historicidade, ou seja, a lógica moderna da inovação permanente, da ruptura incessante com a tradição. Clastres e Lévi-Strauss chamam atenção para o fato de essas sociedades, ao contrário das nossas, serem inteiramente organizadas em torno de costumes ancestrais, ou seja, em torno do passado. Não só não são orientadas para um projeto de futuro, como também — é o que mostra Clastres — há casos em que o chefe guayaki, que cisma em querer inovar, acaba morto.

A partir da Revolução Francesa, vê-se, pois, abrir-se um fosso entre os dois tipos de sociedade: de um lado, as que valorizam exclusivamente o respeito pelos costumes antigos, pela tradição transmitida pelos ancestrais, as que se enraízam em última instância nos deuses; do outro, as que privilegiam definitivamente a inovação permanente, a ruptura com o passado, o progresso, a orientação para o futuro. Do mesmo modo que as sociedades tradicionais honram os velhos, em quem veem as testemunhas de uma civilização imutável, a sociedades que se reinventam permanentemente têm o culto da juventude, depositária do futuro.

Nessa perspectiva, os republicanos do século XIX, que identificam a civilização a uma história voltada para o futuro e dedicada inteiramente à inovação e ao progresso, não podem ver, nas

A *política na aurora de uma nova era* 123

sociedades tradicionais dos povos que eles vão colonizar na África, senão comunidades, no limite, ainda um tanto *infra-humanas*, de certo modo infantis, pois são sem escrita e "sem história" (no sentido que eles dão a essa palavra). Claro, nós agora sabemos, repito-o, que as sociedades tradicionais mudam ao longo do tempo e que, desse ponto de vista, elas têm, sim, uma história. Mas elas parecem não ter esse desejo de História e de inovação que marca as sociedades que nossos republicanos consideram como únicas verdadeiramente "civilizadas"; elas se polarizam no passado e nas origens míticas da lei, na manutenção dos costumes antigos, enquanto que as sociedades europeias são estruturalmente voltadas para o futuro no qual projetam sua sede inesgotável de mudança. Desse ponto de vista, o elo entre ausência de escrita e ausência de História é extremamente poderoso: podemos transmitir oralmente contos, lendas, mitos, mesmo antigos, mas não podemos constituir uma ciência histórica, *stricto sensu*, a não ser com base na escrita e nos arquivos, que contêm os testemunhos diretos de épocas passadas, que permitem comparar as provas, criticar as interpretações, dando os meios para se construir uma reflexão objetiva. Tudo isso, bem entendido, falta às sociedades tradicionais, sem escrita, desde logo inevitavelmente vistas pelos colonos como "primitivas".

Vai-se, pois, considerar, às vezes até com as melhores intenções do mundo, porém o mais das vezes com segundas intenções mais triviais, que elas não podem progredir por si mesmas, que ainda não têm autonomia suficiente para consegui-lo. Consequentemente, é "a partir do exterior" que a república "civilizada" pretenderá "educar o bárbaro". Compreende-se melhor por que não é um acaso

124 DO AMOR

Jules Ferry ser ao mesmo tempo educador e colonizador. Trata-se de "educar" os "indígenas", ou como ainda se diz de maneira altamente significativa, os "nativos", no sentido de "educação", se formos republicanos, no sentido de "criação", se formos racistas, para levar a eles, "do exterior", *a* civilização. Ou, mais simplesmente, para tirar proveito.

Vê-se como a ideia republicana, a despeito de ser considerada de esquerda, conduzirá ao mesmo resultado que a ideia patriótica de direita, ou seja, à violência da colonização.

Como passamos do primeiro humanismo ao segundo, que nos fez romper com o racismo colonizador

O verme está, pois, dentro da fruta. É no próprio fundamento da ideia republicana originária do primeiro humanismo que se encontra o "vício de forma", o "defeito de concepção" que conduz à variante do racismo cultural que a colonização vai exercer com violência. Algumas vozes se ergueram na época — eu fiz alusão a elas — contra os atentados mais flagrantes não apenas aos direitos do homem, como, mais simplesmente ainda, aos sentimentos de humanidade mais elementares. Por mais pusilânimes que possam ter sido, contribuíram para uma tomada de consciência progressiva da necessidade de instituir com os povos colonizados relações menos abertamente iníquas. Porém, basta lembrar a maneira como a maioria dos franceses falava dos colonizados ainda na minha infância — os exemplos abundam na literatura, nas histórias em quadrinhos e na publicidade, bem como nos filmes — para entender

A política na aurora de uma nova era 125

o quanto o ambiente republicano vigente era impotente em fazer calar seus demônios.

Como, então, passamos do primeiro humanismo para o segundo? Como passamos, para evocar em seguida um símbolo, do imperialismo à APD — Ajuda Pública ao Desenvolvimento.* Evitemos um mal-entendido que seria gravíssimo: o segundo humanismo não vai em absoluto negar a ideia de liberdade como faculdade de desarraigamento dos determinismos naturais ou sociais; ele não contesta o princípio mais fundamental da ideia republicana, nem os direitos do homem, nem o Iluminismo, nem o ideal racionalista. *Em vez de acrescentar transcendências nacionalistas ou revolucionárias que* tendem a sustar a parte grandiosa da revolução do Iluminismo, *ele abre a dimensão do amor, a preocupação humanitária com os outros e o interesse pelas gerações futuras, sob a forma de simpatia ("sim-páthos", "sofrer com"), graças à qual passaremos, e é com efeito um símbolo, da colonização à Ajuda Pública ao Desenvolvimento* — o que não é exatamente a mesma coisa e marca uma colossal ruptura.

O advento do segundo humanismo, trazido pela revolução da família moderna, vai, pois, acarretar a emergência de uma nova figura dos direitos do homem ou, se quisermos, de uma nova relação com os direitos do homem: a ação humanitária. De maneira absolutamente indubitável, mas perfeitamente compreensível de acordo com o que acabamos de ver, *o desenvolvimento do humanismo moderno e laico, cuja origem remonta à criação da CruzVermelha por Henri Dunant, é absolutamente*

---

* De acordo com o Comitê de Ajuda ao Desenvolvimento (CAD) da OCDE, é o conjunto de recursos disponibilizados pelos países doadores ou organizações internacionais aos países e territórios em desenvolvimento, através de organismos públicos.

126   DO AMOR

paralelo, historicamente falando, à valorização da família moderna. Por quê?
Simplesmente porque o amor que reinará nas famílias, das quais ele
se torna a razão de ser, vai suscitar com crescente intensidade um
sentimento novo em relação à alteridade longínqua, em relação aos
semelhantes, e não mais apenas em relação aos próximos. O sentimento de simpatia de que eu falava desenvolve-se pouco a pouco
entre 1850 e 1960, para, em seguida, crescer de maneira exponencial: vemos hoje seus efeitos, sobretudo na valorização da ação
caritativa. Não é indiferente observar como a participação em ações
caritativas tem se desenvolvido nas classes populares e modestas,
sensíveis a essa questão, ao contrário das elites intelectuais que a
veem frequentemente com um certo desprezo.

A fórmula de Robert Badinter que eu citei anteriormente e
segundo a qual não devemos mais "deixar que façam com o outro o
que não gostaríamos que fizessem conosco" pode se aplicar à caridade e à ação humanitária. *Nesse sentido, ela acrescenta de fato uma nova
dimensão, fundada no sentimento, aos direitos do homem.* Não se trata mais
simplesmente, como em Kant, de uma moral do respeito, mas de
uma moral do amor que, sob vários aspectos — talvez voltemos a
falar disso — retoma o Sermão da Montanha, sobretudo a passagem
em que Cristo declara, diante dos judeus ortodoxos, que ele não
veio para *abolir a lei, mas para cumpri-la,* sendo o amor justamente a
"consecução" da lei. Com o humanitarismo, ou seja, com o direito
de ingerência, vemos surgir também uma superação dos limites
da esfera nacional que se supunha, no primeiro humanismo, ser a
intermediária indispensável para tornar concretamente efetivos os
direitos do homem, lembrando que eles eram de início os direitos
do cidadão, portanto, apesar de tudo, do membro de uma nação
específica.

A ação humanitária, como eu falei, é de início a luta contra a indiferença: mas esse combate só se tornou possível com o florescimento do amor dentro das famílias. Por onde se vê que, longe de se oporem, a esfera privada e a esfera pública, o íntimo e o universal, estão, hoje como nunca, vinculados: *a revolução do amor é também uma revolução moral e política.*

A "desconstrução" dos valores tradicionais permitiu o advento da ação caritativa e humanitária, bem como de uma política voltada para as gerações futuras

CLAUDE CAPELIER — *Parece-me que falta um elo intermediário na descrição da passagem do humanismo da razão ao humanismo do amor, da emergência, através da ação caritativa e humanitária, de uma dimensão ativa dos direitos do homem, fundada no sentimento. Para podermos estar em "simpatia" com os problemas das pessoas, que os republicanos "da primeira hora" ignoravam tranquilamente, foi preciso primeiro que a "desconstrução" dos valores tradicionais (nos costumes, nas artes, na própria política) liberasse e valorizasse as formas de existência às quais nos tornamos agora sensíveis.*

LUC FERRY — Você tem toda a razão. Não foi de repente que passamos da primeira ideia republicana à segunda, do humanismo do direito e da razão ao humanismo da preocupação com o outro e da simpatia. Exatamente como não passamos da arte, digamos, tradicional, do romance tipo Balzac ou tipo Stendhal aos romances de Kundera ou Philip Roth: voltaremos a isso quando abordarmos a questão da arte. Houve nos dois casos um intermediário, que se chama "desconstrução". Aliás, a desconstrução, cujas imposturas

128 DO AMOR

frequentemente critiquei, sobretudo na arte moderna e no que chamei de "pensamento 68", teve, apesar de tudo, o mais das vezes sem querer, alguns aspectos positivos.

CLAUDE CAPELIER — *É ela também que nos faz de agora em diante reconhecer, nos povos que têm uma cultura diferente da nossa, a evidência de que eles são nossos iguais e que a alteridade, ligada à diferença das culturas, é uma fonte de enriquecimento, não uma justificativa para o imperialismo.*

LUC FERRY — A desconstrução das ilusões da metafísica tradicional consumou-se, com efeito, a partir de Nietzsche e Heidegger, em nome do reconhecimento da "diferença" e da alteridade. E é certo que isso incitou os europeus a entender finalmente que, diferentemente dos primeiros republicanos, os povos primitivos não são como crianças às quais se deveria, à maneira de Jules Ferry, levar a educação "a partir do exterior", mas que eles também possuem uma civilização e uma cultura próprias. De resto, todos sabemos que, na história da arte, o que se chamou de "arte negra" (prova de que ainda havia progressos a fazer!) vai ser uma fonte de inspiração importante do cubismo e da arte moderna em seus primórdios.

Para não fugir do tema que nos ocupa neste estágio de nossas reflexões (o aporte da desconstrução ao advento de um humanismo do amor), é preciso estar ciente de que há dois momentos na desconstrução: o "momento Lévi-Strauss", que, para erradicar qualquer tipo de justificativa possível do colonialismo, afirma que toda civilização tem um valor incomensurável em relação ao das outras, o que resulta em um completo relativismo; e o momento "Foucault-Deleuze-Derrida" que vai por assim dizer generalizar tal ponto de

A *política na aurora de uma nova era* 129

vista a todas as particularidades da existência humana, a todas as "diferenças" e "dissonâncias", e, assim, promover a singularidade reputada irredutível do "devir-mulher", do "devir-homossexual", da "questão da loucura" etc.

O momento Lévi-Strauss: a crítica do etnocentrismo e o nascimento de um relativismo radical

O "momento Lévi-Strauss" é o da desconstrução, da crítica do etnocentrismo, do europocentrismo. Em 1956, em *Race et Histoire* [Raça e História], Claude Lévi-Strauss formula de forma radical o novo enfoque da diversidade das civilizações que emerge na época: a Europa não é *a* civilização, as sociedades ditas então ainda primitivas, e que Lévi-Strauss chamará de "sociedades selvagens", não valem menos do que as nossas, elas não são menores, são simplesmente "outras". Não são "subdesenvolvidas", elas têm uma cultura diferente da nossa. O projeto da etnologia não é mais analisar as civilizações em termos de hierarquia em uma escala que mede seu grau de realização em relação ao modelo europeu, mas de estudá-las em sua irredutível alteridade.

É preciso dizer que as circunstâncias obrigavam a que se mudasse de perspectiva. No dia seguinte ao fim da Segunda Guerra Mundial, tornou-se claro que a Europa, antes identificada ao Iluminismo e à civilização, era na realidade a Europa do imperialismo no exterior e do nazismo e do fascismo no interior — não somente na Alemanha e na Itália, mas na França de Vichy, na Espanha, em Portugal, na Romênia, na Croácia etc. É, aliás, o que explica que, na França, todos os intelectuais, ou quase todos, tenham se aproximado do

130 DO AMOR

comunismo, de Furet a Morin, passando por Foucault, Althusser e Le Roy Ladurie.

Lévi-Strauss vai ceder à convicção de que, para evitar definitivamente a hierarquização resultante do europocentrismo, é preciso defender com unhas e dentes um relativismo total. Todas as culturas e todas as civilizações se equivalem. E assim, ele acaba, com razão, com o hábito até então constante de estudar as outras civilizações segundo os critérios da nossa; mas, por outro lado, seu relativismo absoluto o conduz, como veremos, a conclusões insustentáveis. A despeito dos aportes incontestáveis de sua obra, ele leva tão longe sua lógica relativista que acaba insistindo em paradoxos cujos absurdos fragilizam o restante de suas teses. Uma entrevista publicada no *Le Figaro* de 22 de julho de 1989 ilustra essa deriva com assombrosa clareza. O que ele diz, com efeito? O jornalista lhe pergunta, visando explicitamente Hitler e o nazismo, se a barbárie nazista assinou o fim de uma civilização (a civilização alemã ou europeia).

Eis a resposta de Lévi-Strauss:

"Não, o advento da barbárie não resulta no fim da civilização. O que você designa pelo nome de barbárie, do ponto de vista de uma civilização, é civilização. É sempre o outro que é o bárbaro.

LE FIGARO: Mas, no caso, trata-se do hitlerismo.

LÉVI-STRAUSS: Mas eles se consideravam uma civilização. Imagine se tivessem ganho, pois se pode muito bem imaginar isso.

LE FIGARO: Teria havido uma ordem bárbara.

LÉVI-STRAUSS: Uma ordem que nós chamamos de bárbara, e que para eles teria sido uma grande civilização.

LE FIGARO: Baseada na destruição dos outros.

A política na aurora de uma nova era
131

LÉVI-STRAUSS: Sim, mesmo que os judeus tivessem sido eliminados da superfície da Terra (coloco a hipótese do triunfo do hitlerismo), o qué isso conta em termos de centenas de milênios ou de milhões de anos? São coisas que devem ter acontecido um certo número de vezes na história da humanidade. Se olharmos esse período com a curiosidade de um etnólogo, não há outra atitude a não ser dizer: bom, uma catástrofe abateu-se sobre uma fração da humanidade da qual eu faço parte e pronto. É penoso para quem é judeu, mas..."

Infelizmente (ou felizmente...), o jornalista interrompeu ali o discurso do etnólogo, mas adivinha-se o seguimento: é penoso para os judeus, claro, mas no fundo não é senão um detalhe diante do longo prazo, uma peripécia entre outras na grande História. Pronunciadas por outro que não fosse Lévi-Strauss, tais observações teriam seguramente custado ao autor uma condenação penal. Mas nem por isso eu cogito aqui, evidentemente, em acusar de antissemitismo o pai do estruturalismo. O que ele tem em mente é o massacre dos índios, o genocídio perpetrado pelos colonos que, de maneira ignóbil, espalhavam nas florestas roupas contaminadas com varíola, que sabiam ser mortal para eles. O que anima Lévi-Strauss é, sim, o ódio de si, o horror santo a uma Europa que ele identifica aos delitos da colonização, ao etnocentrismo que a fazia considerar-se arrogantemente a civilização, e permitir-se, em nome de uma suposta superioridade, destruir os outros povos e as outras culturas. Para derrubar a perspectiva, assim pensa ele, para acabar com o imperialismo, é preciso afirmar um relativismo, por assim dizer, absoluto — e é essa convicção levada ao extremo que conduz Lévi-Strauss a explicar tranquilamente diante de um jornalista que, manifestamente, mal crê nos próprios ouvidos, que o nazismo, caso tivesse vencido as democracias, chegaria a ser visto como uma grande civilização. É a questão examinada do alto, em suma, com distanciamento que não permite escolha: aos olhos do historiador ou do etnólogo, tudo se equivale.

Não só não concordo com essa opinião, como, para falar francamente, mantida toda a reverência, acho-a abominável. Pior ainda, e para agravar meu caso, apesar de todos os seus erros, considero a civilização europeia, sob os aspectos que vou precisar, das mais admiráveis. Contudo, o relativismo é tenaz, está bem ancorado nos espíritos e é especialmente difícil de denunciar, já que obriga aquele que exerce a crítica a se colocar na mesma hora em posição desconfortável em relação ao que está em voga. Se eu contestar a ideia de que tudo se equivale, de que o nazismo e a democracia são perfeitamente equivalentes, afirmando consequentemente que certas civilizações são superiores a outras (pois notaremos que Lévi-Strauss fala de "civilização", não de "sociedade", "cultura" ou "regime político"), não serei imediatamente acusado de mergulhar no europocentrismo ou mesmo no racismo que tanto marcaram — e é incontestável — a história da Europa nas suas relações com os povos colonizados? É claro que não creio em nada disso, mas não é fácil sair da armadilha preparada pela ideologia dominante em que o relativismo se transformou.

Para conseguir, é preciso primeiro explicitar o que se entende por "grande civilização". Vou propor uma resposta simples: uma grande civilização é uma civilização que supera sua particularidade, que dirige uma mensagem à humanidade inteira, que oferece a ela algo precioso, algo que muda, nem que seja parcialmente, o curso da história mundial. Nesse sentido, as civilizações chinesa, árabe-muçulmana e indiana, para citar apenas os três exemplos,

A política na aurora de uma nova era   133

são grandes civilizações: cada uma oferece tesouros que marcaram a humanidade para sempre, como, por exemplo, a álgebra, o confucionismo e o *Mahabharata*. Aliás, nos nossos livros escolares, a expressão "grande civilização", embora contenha de maneira implícita uma certa noção de hierarquia, é empregada para designá-la sem suscitar a menor das polêmicas. É também evidente que a civilização europeia merece ser chamada de grande, por suas criações científicas, estéticas e mesmo políticas. Em todos os conservatórios do mundo toca-se Bach e Mozart. De Pequim a Moscou, passando por Madras e Argel, estudam-se Platão, Rousseau e Shakespeare. Ainda assim, nenhuma dessas civilizações é isenta de atrocidades como as apontadas por Lévi-Strauss. A Europa — e ela gostaria de negar — não foi somente a de Newton e Einstein, de Beethoven e de Stravinsky, de Hugo e de Kant, de Vermeer e de Cézanne, da democracia e dos direitos do homem. Foi também a do nazismo, do escravagismo, da colonização, do stalinismo. Assim, acrescentemos desde logo, para evitar mal-entendidos, que, se nem todas as civilizações se equivalem, nem tudo se equivale também dentro de uma mesma civilização.

Então por que privilegiar a Europa? Por europocentrimo? De forma alguma, mas porque nosso velho continente inventou algo de único e precioso, de singular e de grandioso: uma cultura de autonomia dos indivíduos diferente de todas as outras, uma exigência de pensar por si mesmo, de sair, como dizia Kant a propósito do Iluminismo, da "minoridade" infantil na qual todas as civilizações religiosas, todas as teocracias e todos os regimes autoritários mantiveram até então a humanidade. É esse o sentido, como já dizia Hegel, da maravilhosa revolução estética que se encarna na pintura holandesa do século XVII: pela primeira vez na história da humanidade, obras finalmente "laicas" são chamadas a representar cenas de todos os dias, os momentos mais simples e mais banais da vida comum dos seres humanos, eles mesmos anônimos. Os personagens representados não pertencem mais necessariamente à mitologia grega ou à história santa. Também não são mais "grandes homens", heróis de batalhas famosas, personagens ilustres, reis, príncipes, nobres ou ricos, mas simples humanos, captados nos instantes mais claramente profanos do dia. Começa-se a sair da heteronomia, da representação de princípios religiosos ou cosmológicos superiores ou exteriores à humanidade, e esse movimento em direção à autonomia que se esboça na arte vai se infiltrar por toda a civilização europeia, da filosofia (racionalista) à política (laica e democrática), passando pela ciência (hostil aos dogmatismos clericais) e pela vida privada (onde o casamento por amor substitui o casamento de razão imposto pelos pais e pelos vilarejos). É esse o gênio de uma Europa que acabará, por seu próprio movimento, abolindo a escravidão e a colonização, desfazendo-se dos totalitarismos, em suma, reconhecendo a alteridade. Nada, nessa valorização da civilização europeia, envolve o menor racismo, a menor inclinação neocolonial. Simplesmente a ideia de que se tudo se equivale, então nada tem valor.

E assim podemos avaliar as ambiguidades da "descolonização intelectual" que foi a desconstrução em seu momento Lévi-Strauss: ela parte de um pressuposto justo e simpático, e sua crítica do primeiro humanismo colonizador é pertinente. Mas o relativismo que ela instaura para exercer a crítica é totalmente absurdo.

A sacralização da diferença e da alteridade: o momento "Foucault-Derrida"

Após o "momento Lévi-Strauss", entramos no que eu anunciei como sendo o "momento Foucault-Derrida", ou seja, dos filósofos da "diferença". Esses herdeiros de Nietzsche e Heidegger vão desenvolver uma forma de "desconstrução" distinta da de Lévi-Strauss em seus princípios e intentos, porém ainda mais radical na crítica, bem como nas proposições. Vão prosseguir na "desconstrução" do imperialismo europocentrista (do *episteme* humanista" e do "falologocentrismo") como rosto político da "metafísica da subjetividade" humanista — e, ao mesmo tempo, de tudo aquilo que, na história da humanidade, especialmente da Europa, contribuiu para reprimir, segundo eles, dimensões da existência que agora pretendiam liberar: as "orientações sexuais" em toda a sua diversidade, a marginalidade sob todas as suas formas, do louco, das mulheres, dos animais, dos homossexuais etc. Nós mencionamos a liberação das mulheres, mas é preciso também falar da liberação dos homossexuais: se as mulheres sofreram uma dominação plurimilenar, os homossexuais foram ostracizados, desprezados, condenados de modo mais diretamente violento ainda. Foram vítimas de um verdadeiro terror durante o período hitlerista, quando os nazistas os deportavam e exterminavam. Diante de uma repressão tão monstruosa, era de fato urgente derrubar os preconceitos, levar a crítica até os fundamentos da civilização europeia que os havia tolerado, e propor um pensamento alternativo que respeitasse todas as *diferenças*, todas as alteridades, todas as minorias, todas as diversidades — eu multiplico os sinônimos para que se compreenda bem.

136   DO AMOR

Assim, vamos passar do *relativismo etnológico* de Lévi-Strauss a *filosofias da diferença*, prolongando a herança de Nietzsche e Heidegger. Não se tratará mais apenas, como em Lévi-Strauss, de respeitar e preservar cada civilização como uma variante singular e incomparável da disposição dos homens a "fazer sociedade", mas de cultivar as diferenças que podem singularizar os humanos em todos os domínios: preocupemo-nos agora em aprofundar as singularidades, desenvolver o "devir-mulher", o "devir-homossexual" ou mesmo o "devir-esquizofrênico".

É com uma *História da loucura na idade clássica* (Perspectiva, 2010) que Michel Foucault vai inaugurar sua crítica da racionalidade ocidental, sobretudo do cartesianismo e das normas modernas em nome das quais, segundo ele, atira-se fora da humanidade tudo que é irracional, a começar pela loucura, a ponto de encerrar os loucos atrás dos muros do hospício. Expliquei em outro lugar, seguindo as análises de Marcel Gauchet, por que a tese de Foucault sobre o hospício e o tratamento da loucura é, na minha opinião, radicalmente falsa: mas pouco importa, ela não me interessa aqui senão como sintoma da história da desconstrução. Como em Lévi-Strauss, o ponto de partida é correto na intenção, ainda que o ponto de chegada seja falso, por vezes delirante. O fato é que a Europa relega tudo que é "alteridade", tudo que é "diferença", senão ao encerramento em hospícios e prisões, ao menos dentro das grades de uma hierarquia que se pretende universal e em nome da qual tudo que diverge corre o risco, sistematicamente, de ser marginalizado ou reprimido — a colonização fornece uma ilustração perfeita desse banimento, mas da mesma forma, sob certos aspectos, o tratamento da homossexualidade, por exemplo. Eu lembro que, até

A política na aurora de uma nova era   137

os anos 1990, a Organização Mundial da Saúde ainda a definia como "perversão" ou "doença".

Assim, na segunda metade do século XX, assistimos a uma dupla desconstrução do europocentrismo herdado do Iluminismo, a uma desconstrução do primeiro humanismo republicano, de um lado em nome do relativismo etnológico e, de outro, em nome das filosofias da diferença. Como aconteceu com o relativismo etnológico, as filosofias da diferença, após contribuírem para quebrar os antolhos europocentristas (o que lhes assegurou um formidável sucesso nos Estados Unidos, onde o movimento de libertação das minorias, sobretudo dos negros, estava no mesmo momento em plena expansão, podendo desse modo encontrar em Derrida ou Foucault as armas intelectuais para seus combates), vão manter seu ímpeto a ponto de, como se diz, "passar dos limites": embora o objetivo fosse nos libertar dos jugos do primeiro humanismo, terminaram recolocando os grilhões de nossas particularidades naturais ou sociais, encerrando-nos em nossas singularidades, transformando os comunitarismos em novas prisões. Sob o justo pretexto de que o primeiro humanismo republicano limitava o reconhecimento das alteridades e a expressão das singularidades, as filosofias da diferença vão lutar para que as mulheres acentuem as particularidades de sua "natureza", para que as comunidades preservem suas especificidades, para que os doentes mentais cultivem seus traços psicológicos, de tal sorte que a diferença, longe de ser liberada, vai se tornar uma nova caserna. Partíramos para a grande libertação e terminamos nos tornando prisioneiros voluntários da nossa natureza ou do nosso grupo social.

O relativismo etnológico radical conduziu Lévi-Strauss, preocupado com permanecer coerente até o fim, à posição absurda de declarar que o nazismo e a democracia se equivalem, o que ninguém seriamente acha, nem mesmo ele. Da mesma forma, no período pós-1968, a ideia republicana será literalmente explodida, chegando-se a negar a possibilidade de valores comuns legítimos. É, aliás, a origem dos movimentos "pedagogistas" mais originais: o reconhecimento da "alteridade" da criança em sua irredutível singularidade conduz a se deixar por conta dela, por vezes integralmente, a condução de sua educação em nome do direito à diferença e ao reconhecimento das alteridades.

Derivas das "filosofias da diferença": das lutas de libertação ao fechamento comunitário

Eu citei, em *A nova ordem ecológica* (Bertrand Brasil, 2009), um texto que quero mencionar de novo aqui, de tanto que me parece sintomático dos impasses em que se veem aqueles que, justamente depois de criticar as falhas do humanismo, terminam, segundo a expressão consagrada, "jogando fora o bebê com a água do banho". É um artigo muito típico do espírito da época e do que então se chamava de "segunda esquerda". Escrito para a revista *Autogestion*, semanário do PSU, partido de Michel Rocard, é assinado por dois autores que se associaram para a ocasião: Dany Cohn-Bendit, cujo percurso todos conhecem, e Félix Guattari, que, como sabemos, colaborou com Gilles Deleuze, na esteira das filosofias da diferença. Eis um trecho, e confesso que não consigo relê-lo sem hesitar entre o riso e a comiseração:

A política na aurora de uma nova era   139

"O objetivo não é alcançar um consenso aproximativo sobre alguns enunciados gerais cobrindo o conjunto dos problemas em curso, mas muito ao contrário, é favorecer o que chamamos de cultura do "dissenso", objetivando o aprofundamento das posições particulares, a ressingularização dos indivíduos e dos grupos humanos. Que inépcia pretender pôr em acordo dentro de uma mesma visão os imigrados, as feministas, os roqueiros, os regionalistas, os pacifistas, os ecologistas e os viciados em informática!"

A ideia de *res publica* voa aqui em pedaços. Félix Guattari formula com precisão seu pensamento em um de seus livros: "Os diversos níveis de práticas não só não têm que ser homogeneizados, postos em acordo uns com os outros sob uma tutela transcendente, como convém engajá-los nos processos de heterogênese. As feministas nunca estarão suficientemente comprometidas com um devir-mulher e não há nenhuma razão para pedir aos imigrados que renunciem aos traços culturais aderidos ao seu ser ou a seu pertencimento nacionalístico."

Os "traços culturais aderidos ao seu ser": perdão, mas beira-se aqui o intolerável, o ponto em que a extrema esquerda, de tanto sacralizar o direito à diferença, alcança a extrema direita mais detestável ao recusar qualquer liberdade, qualquer possibilidade de os indivíduos escaparem das condições em que nasceram. É antípoda ao que o primeiro humanismo, com todos os seus defeitos, tinha ainda assim de melhor, a saber, a hipótese da liberdade humana entendida como a faculdade de transcender a todos os categorismos. Não é por acaso, dada essa base comum republicana, o fato de a extrema esquerda e a nova direita serem, por motivos idênticos e em um mesmo movimento, hostis, por exemplo, à proibição dos signos religiosos ostentatórios na escola.

CLAUDE CAPELIER — *A "desconstrução" aspirava a nos liberar do que entravava a livre expressão de nossas potencialidades, mas, de tanto atacar tudo que podia refrear nossa espontaneidade, terminou impedindo qualquer possibilidade de nos elevarmos acima da condição imediata para transformá-la ou escapar dela: e eis como foi paradoxalmente levada, sem querer, ao ponto de partida do esforço de liberação, o momento inicial em que, justamente, ainda estamos submetidos ao conjunto das disposições biológicas e das circunstâncias sociais que nos determinam. Os que aceitam ir até o fim dessa lógica correm para a catástrofe: não poder pedir a alguém que "renuncie aos traços culturais que aderem ao [seu] ser" significa dizer que não temos o direito de nos esforçar, por exemplo, para acabar com a excisão das mulheres. Seria evidentemente monstruoso. Passe bem, liberação!*

LUC FERRY — É exatamente isso. Como consequência, encerra-se o "imigrado" na prisão de suas origens, em vez de lhe propor um bilinguismo e um biculturalismo, o que seria uma oportunidade para ele. De imediato, assiste-se, evidentemente, à adoção de políticas de discriminação positiva: é o momento em que o "direito à diferença" transforma-se em "diferença de direitos". A ideologia do direito à diferença, historicamente uma ideologia de extrema direita e contrarrevolucionária antes de tudo, pertence agora à extrema esquerda.

O falso debate dos republicanos "à antiga" e dos "modernistas"

Por aí se vê como no movimento de "desconstrução existe algo de profundamente justo e, ao mesmo tempo, um aspecto aterrador. O que cria um imenso problema que, longe de ser apenas teórico, tem consequências pesadas na nossa vida política, uma vez que tal situação conduz a imobilizar os protagonistas do debate sobre a escola ou sobre a imigração em uma antinomia absurda: de um lado, os filósofos da diferença e seus epígonos não veem que suas aspirações supostamente libertadoras correm o risco de resultar no contrário do que imaginam, a saber, o encerramento de cada um em sua diferença, em sua comunidade de pertencimento e suas particularidades históricas ou "naturais"; de outro lado, os republicanos contentam-se em pregar a restauração dos valores e do civismo de antigamente, sem compreenderem que a herança de Maio de 68 nunca teria frutificado se o republicanismo já não estivesse corrompido por certos vícios de forma, a começar pelos três que eu acabo de indicar: o nacionalismo integrista, o ideal revolucionário terrorista e o racismo cultural. A volta atrás, a "restauração", é impossível: daí meu projeto filosófico, que consiste em desimpedir e construir as novas fundações de um segundo humanismo que concilie o que o primeiro tinha de melhor (a liberdade, os direitos, a razão, a preocupação com o universal e com o bem comum, a laicidade) e os aportes, muito negativos no final, mas ainda assim legítimos em seu objetivo, da desconstrução. Eu expliquei por que o que chamo de humanismo do amor, um humanismo finalmente não "metafísico", parece corresponder a tais especificações.

CLAUDE CAPELIER — *Os que hoje se dizem republicanos "à antiga" me parecem muito mais "modernistas" do que querem fazer crer: estão sempre me dando a impressão de "pretender agir como Jules Ferry" (o que certamente não era o caso do modelo), em vez de se dedicar, como ele, a trazer novas pedras para a construção da república do futuro. São nostálgicos, não participam ativamente do progresso; ficam no phátos, portanto, e não na razão inventiva; na crítica, e não nas propostas. A transcendência, para os grandes republicanos da História, era o progresso e a felicidade que ele traria para o povo; a transcendência, para os de hoje em dia, é a lembrança da república de Jules! O que pode ser menos "humanista da primeira forma"? É um humanismo para democratas de opinião, uma postura sentimental de indignação na qual um passado sonhado autoriza a dar lição de moral em todo mundo sem precisar fazer de si mesmo o exemplo. No melhor dos casos, é um expediente para "desconstruir" a modernidade através de uma reconstrução recente e imaginária de nossa história: nossos republicanos são modernistas mas não sabem.*

LUC FERRY — É por essa razão que às vezes tenho tanta dificuldade em me fazer compreender pelos republicanos, gaullistas e soberanistas. Há entre eles pessoas notáveis, pelas quais nutro estima e amizade, mas basta, por exemplo, ouvi-los falar de Escola para constatar a terrível defasagem entre as realidades atuais e o ideal educativo que defendem. Se a Escola de que sentem saudade tivesse sido tão perfeita e adaptada para as crianças de hoje quanto eles imaginam, ela não teria desaparecido. Se mudou é porque havia razões para mudar. Mas, por eu estar de acordo com eles ao considerar que os excessos do "pedagogismo" fizeram estragos dramáticos, ao concordar sobre a necessidade de exercícios sistemáticos, de prática intensiva de leitura e escrita, por estar de acordo em dar mais espaço ao ensino das grandes obras etc., eles pensam que aderi

A política na aurora de uma nova era   143

às suas teses. Tenho enorme dificuldade em explicar a eles que, apesar de nossos pontos em comum, o essencial nos separa: pois estou persuadido, como explicarei mais à frente, que a revolução do amor obriga a integrar na educação formas de reflexão e de enfoque da cultura até então negligenciadas. Os "pedagogistas" deram uma resposta insuficiente, por vezes nociva, a uma boa pergunta.

Mais uma vez, qualquer volta atrás é impossível. A restauração é sempre uma imbecilidade ou uma catástrofe. Podemos agir para transformar as coisas, não podemos fazer com que elas não se tornem o que já são. Nenhuma restauração jamais funcionou nem jamais funcionará, é preciso carecer totalmente de senso histórico para não ter consciência disso. E os republicanos nos quais eu penso são suficientemente inteligentes para não enxergar. Quando reabilitam os jalecos dos mestres, os tinteiros de porcelana cheios de tinta violeta (não estou brincando!), quando pretendem restaurar a autoridade tradicional, o gosto pelo esforço e todo esse tipo de coisa, sabem bem que, na verdade, seus discursos e escritos não mudarão nada. Daí seu lado profundamente nostálgico e pessimista. Há uma alegria no pessimismo, é seu *páthos* fundamental: "Ah! Sei que ninguém me escuta mais, mas, felizmente, estou aqui para manter acesa a chama da ideia republicana, eu, mártir solitário contra a invasão da onda negocista americanizada etc." É uma postura, e ela lucra com as vantagens do pessimismo que dá asas ao espírito crítico e inflama o estilo da escrita.

O humanismo do amor reintroduz o sagrado e o longo prazo na política

Como eu disse, o humanismo do amor vai permitir ultrapassar (ou seja, integrar e reconstruir em um plano mais amplo) os aportes incontestáveis do republicanismo e da desconstrução. Por se basear no amor, volta-se, nós vimos por quê, para a problemática das gerações futuras: dá, assim, uma nova profundidade de campo orientada para o longo prazo e confere, de forma inédita, pela primeira vez e de forma muito diferente das grandes causas nacionalistas e revolucionárias, um valor não mortífero ao sacrifício coletivo indispensável nos períodos de crise. Contudo — eu insisto, pois é realmente essencial —, não se trata mais de um sacrifício mortal, pois não é um sacrifício pela Nação ou pela Revolução, por entidades exteriores e superiores à humanidade, é um sacrifício pelo humano. Pela primeira vez na História, vemos emergir um princípio de sentido que, embora justifique uma ação de longo prazo e sacrifícios, não é uma ideologia sacrificial destinada a matar maciçamente. Não demanda sacrifícios, a não ser pelo humano e para o humano, e não para as grandes causas que sempre conduziram ao extermínio de camadas inteiras da humanidade.

É claro que tenho amigos, de direita, nostálgicos da ideia patriótica, que sentem saudade do tempo em que as jovens gerações estavam prontas para morrer pela pátria; tenho outros, de esquerda, nostálgicos das utopias revolucionárias, da época em que os guardas vermelhos dizimavam populações em nome das grandes massas. Eu digo a eles: Ora, façam-me o favor! O fato de essas formas de estupidez mortífera, essas insanidades monstruosas terem finalmente

A política na aurora de uma nova era　　　　　　　　　　145

desaparecido de nossas vidas não é só a melhor notícia do século, é a do milênio! Champanhe!

CLAUDE CAPELIER — *Se alguém se sacrifica pelos filhos é porque os ama mais do que tudo no mundo, e, nesse sentido, é por si mesmo que está se sacrificando. Na ação humanitária, de um modo menos absoluto, vemos algo da mesma ordem. Parece-me que esses exemplos dão uma ideia do que você entende por "sacrifício não mortífero".*

LUC FERRY — Os teóricos da "simpatia", na virada do século XVIII para o XIX, analisaram muito bem esse aspecto dos sentimentos morais: jamais perdemos a nós mesmos nos sacrifícios consentidos por simpatia. Mais ainda, eles mostraram, na minha opinião com justeza, que um homem de bem não se sente inteiramente feliz quando os outros não o são, em todo caso — com certeza —, quando os que ele ama não estão felizes. Talvez não seja a verdadeira virtude, ao menos no sentido kantiano, mas é ainda assim tudo que se pode esperar de melhor no domínio da vida coletiva e política: quando a moral e o interesse vão no mesmo sentido, quem se queixa?

Duas "ideias preconcebidas" são obstáculo para a tomada de consciência da revolução do amor

Tenho a impressão de que o que falo do segundo humanismo deveria ser compreendido por todo o mundo, pelos filósofos, bem como pelos que jamais estudaram filosofia. E aliás eu noto, durante as conferências que dou pelo mundo afora, que frequentemente é o caso. Contudo, às vezes também me dou conta de que a revolução do amor, cujas manifestações eu tento simplesmente descrever, identificar as causas e pensar o sentido, não é assim tão evidente para as "elites", digamos, para o mundo político e intelectual. Já para o público não "especializado", ela parece mais convincente.

Supondo-se, é claro, que meu diagnóstico esteja certo, me parece que duas ideias, geralmente admitidas há tanto tempo que ninguém cogita mais em questioná-las, são obstáculos à tomada de consciência da viravolta que estamos vivendo: em primeiro lugar, a convicção de que a esfera pública é e deve ser radicalmente separada da esfera privada; em seguida, eu penso na teoria que afirma que a política se define exclusivamente pela gestão de interesses. Essas duas teses só são verdadeiras em um nível muito superficial e, ademais, revelam-se absolutamente falsas ao menor aprofundamento. De todo modo, são elas que impedem que bom número de intelectuais e políticos de hoje percebam a total amplitude da viravolta que a emergência do segundo humanismo representa.

O casamento e a família lhes parecem, desde logo, ter a ver exclusivamente com a vida privada: concluem que as mudanças que nela ocorrem, ainda que consideráveis, dizem respeito apenas ao íntimo. E não se dão conta, pois, da dimensão coletiva. Ela é contudo evidente: como imaginar que uma revolução que afeta todos os indivíduos não tenha, em uma democracia, repercussão no plano coletivo? É absurdo: a própria universalidade da mudança constituída pela passagem do casamento arranjado ao casamento por amor já é um fenômeno eminentemente coletivo, um "fenômeno social global", como diriam os sociólogos. Portanto, uma vez que ele não poupa ninguém, é difícil imaginar como poderia não ter efeitos sobre as aspirações comuns!

A política na aurora de uma nova era 147

Alguém me objetou, outro dia, a esse respeito, que "o casamento não é um projeto político"! Francamente, diante de tal monumento de incompreensão, fiquei sem voz. O amor pelos filhos também, de resto, não é um projeto político. Eu ousaria afirmar que isso não me escapou? Contudo, eu avalio, através desse tipo de observação totalmente deslocada em relação ao meu propósito, a perplexidade absoluta ou os contrassensos que ele pode suscitar. Tratemos, pois, de ser mais claros, se possível: evidentemente, não estou dizendo que o casamento seja um projeto político, não estou dizendo que amar os filhos vá substituir a ideia revolucionária ou a ideia nacional. Eu seria o rei dos imbecis se proferisse tais asneiras! Digo apenas que, se a revolução do amor se consuma inicialmente na vida privada, ela se prolonga por *refração* no plano coletivo, público e político. Observa-se essa refração na esfera da família, é claro, que já é mais abrangente do que a do indivíduo, mas bem mais além, na esfera da arte e na da política, com a nova problemática das gerações futuras.

É ela que, como vimos, vai permitir à ideia de sacrifício adquirir um sentido político, e eu pretendo que só será aceita de agora em diante com duas condições: primeira, que se saiba *por quem* se deve fazer esforços, e não somente *para quê*; em seguida, que os sacrifícios consentidos tenham uma garantia total de transparência e equidade. Passa-se assim das causas abstratas e mortíferas (a Nação, a Revolução) às pessoas próximas ou ao próximo (ou seja, os anônimos, os longínquos, de que o humanitarismo se incumbe). Pode-se, pois, doravante, identificar a partir dessa análise os dois fios condutores da política dos próximos tempos: para quem faremos sacrifícios? Em que condições e com quais garantias de equidade os faremos? São essas, a meu ver, as duas chaves da política que virá.

Uma outra objeção surge também com bastante frequência, sobretudo por parte dos que permanecem ligados às representações políticas antigas, como, por exemplo, às utopias revolucionárias: o mundo no qual entramos, lembram eles, não é o dos ursinhos de pelúcia! É muito simpático falar de amor, mas as pessoas estão indignadas é com a avidez dos bancos, com o egoísmo do mundo das finanças, com a arrogância dos poderosos, com as desigualdades etc.

Mais uma vez o mal-entendido é total. Primeiro porque o reverso do amor é evidentemente o ódio, e nem em sonho pretendo negar sua existência no mundo de hoje. Seu peso é patente, esmagador mesmo, não somente nas guerras que ensanguentam o mundo como na vida cotidiana, política e profissional, no mundo midiático em especial, estruturalmente voltado para o que vai mal, para o que escandaliza e indigna. Tudo isso é óbvio e, a menos que se seja cego, quem poderia negar? A questão que eu coloco não tem nenhuma relação com tal negação, mas simplesmente com o seguinte: *se a política deve em princípio visar o interesse geral, o bem comum, no que ela deve se apoiar para consegui-lo, para mobilizar? Na ideia nacional ou revolucionária? Eu não acredito nem um pouco, pois, como disse, elas estão, senão mortas, ao menos esvaziadas, e é melhor que seja assim. Em compensação, e disso estou convencido, se fundarmos os grandes objetivos na preocupação com o futuro de nossos jovens, enraizando o mais possível tal preocupação nas famílias e cercando-a de todas as mais críveis garantias de equidade, é possível tirar um país da crise, mobilizar as energias para conseguir. O ódio, o egoísmo e todos os defeitos da Terra que forem evocados não desaparecem, evidentemente, só porque o princípio do amor passou a guiar as famílias, mas, em compensação, apoiando-se nele é que poderemos tentar superar os obstáculos na busca do bem comum. Tanto quanto sei, não há nada*

A política na aurora de uma nova era 149

de ingênuo ou irônico nesta ideia, há simplesmente a consciência clara de que as paixões democráticas não são, como pensava Hobbes ou ainda Tocqueville, necessariamente todas funestas, não se reduzem ao medo, à inveja e à cólera. Também a fraternidade pode desempenhar um papel, contanto que não se reduza apenas aos benefícios do seguro social e o Estado-providência, mas que nela haja também um elo afetivo real, o mesmo que existe nas famílias ou entre amigos quando um acidente da vida vem perturbar ou assolar uma existência...

Para resumir tudo e indo um pouco mais adiante, eu diria portanto que as duas grandes teorias políticas que dominaram a Europa nos dois últimos séculos, a saber, o liberalismo e o socialismo (marxismo inclusive), têm características fundamentais em comum que serviram de obstáculo à compreensão do que eu disse aqui.

Em primeiro lugar, elas consideravam, como vimos, que o que faz parte da vida privada é e deve permanecer completamente fora do campo político. Pode parecer óbvio, mas entretanto é falso: a revolução do amor é sua melhor ilustração. Se é o caso apenas de dizer que não devemos nos meter na vida privada dos políticos, nos seus casos amorosos, estou evidentemente de acordo: quando a imprensa internacional "escolheu como domicílio a cueca de Bill Clinton" (para retomar a feliz fórmula de Alain Finkielkraut), fiquei, como qualquer homem honesto, escandalizado com aquele voyeurismo especialmente repugnante por querer se passar por cúmulo da democracia.

Evidentemente, não é disso que estou falando: o ponto que procuro ressaltar é o fato de as revoluções na vida privada terem um imenso impacto na vida política. Maio de 68 é um exemplo patente: não foi nem uma revolução política (como prova a Constituição de 1958, que ainda está em vigor) nem uma revolução econômica (ao contrário do que os marxistas esperavam, o capitalismo liberal está mais arrogante do que nunca, prova do pouco impacto que maio de 68 teve nesses domínios). Em compensação, os "acontecimentos" impuseram uma espetacular, múltipla e duradoura revolução nos costumes.

Mas uma revolução dos costumes, por definição, diz respeito solidariamente ao privado e ao coletivo. Melhor, no rastro dessa revolução dos costumes, os propósitos, as práticas e as realizações políticas conheceram inflexões consideráveis: valorização dos temas ecológicos em todos os setores de opinião, diversificação e personalização das políticas de ajuda aos desfavorecidos ou fragilizados (desempregados, doentes, idosos, alunos que abandonaram a escola etc.), rediscussão das hierarquias que obrigam os responsáveis a justificar permanentemente suas decisões etc.

O grande erro do liberalismo, assim como do marxismo, foi ter rejeitado tudo que diz respeito à vida privada na "sociedade civil", como se essa última expressão, comum aos marxistas e aos liberais, só servisse para privar de qualquer dimensão política as realidades que ela designa.

O segundo erro que compartilham é reduzir a política ao que André Comte-Sponville chamava no nosso debate (*cf.* nosso livro comum, *A sabedoria dos modernos* [Martins, 1999]) de "gestão de interesses". É uma concepção redutora e errônea da política. A política não se limita à busca do interesse geral, como compromisso ou como harmonização dos interesses privados. Mais precisamente: mesmo que o interesse geral seja de fato seu objetivo, as paixões fazem parte do jogo e são indispensáveis para realizá-lo. É preciso ser cego para não ver que a política é, antes de qualquer outra coisa, uma questão

A política na aurora de uma nova era   151

de paixões. É isso que a política tradicional não consegue compreender: as paixões são muito mais poderosas na História do que os interesses. As paixões, quer sejam nacionalistas, religiosas ou revolucionárias, quer estejam ligadas à inveja, à raiva ou à indignação, como se vê hoje, são infinitamente mais pregnantes nos grandes abalos sociais do que a busca racional dos interesses "bem-compreendidos". Se os humanos buscassem racionalmente seus interesses, saberíamos. Muito provavelmente, nem sequer uma guerra teria ocorrido, pois quase não existe interesse real em fazê-la; faz-se por paixão. Se os humanos fossem seres racionais, como imagina o individualismo metodológico tanto quanto o marxismo comum, eles sempre chegariam a um compromisso. Donde se vê que são as paixões que regem o mundo, e não os interesses.

As paixões democráticas

O gênio de Tocqueville, que, desse ponto de vista, afasta-se do padrão das teorias liberais, é ter compreendido que existem "paixões democráticas": dentre elas estão, obviamente, a raiva e o medo, como já notara Hobbes, porém, mais ainda, a inveja e o despeito, que estão na origem do ressentimento, da indignação, ambos muito longe de ter influência comparável no mundo aristocrático. Quanto mais se está no mundo igualitário, mais o despeito se instala. Só invejamos de verdade as pessoas que nos são próximas. É dentro do mesmo ofício que as rivalidades se exacerbam. Detestamo-nos muito mais dentro do mesmo partido político, entre concorrentes, do que em relação aos representantes de partidos adversários.

Detesta-se entre jornalistas, entre políticos, entre intelectuais, entre cantores, entre atores, entre universitários etc. Como explica Tocqueville, que, nesse ponto, será seguido por John Rawls, a democracia, mais do que qualquer outro regime, torna as desigualdades de sucesso insuportáveis. Por que um ultrapassa os outros, uma vez que, supostamente, todos partiram do mesmo nível? "Por que ele consegue e eu não, se fazemos o mesmo trabalho e começamos com as mesmas oportunidades?" Inventam-se então justificativas e motivos de consolo, recorrendo-se até aos mais abjetos: se consegue, é "porque é uma puta que aparece na televisão", "porque tem pistolão", "porque suas obras são fáceis e vulgares", porque tem um *lobby* por trás" etc. Criam-se todas as desculpas, inventam-se as mais falsas explicações para tornar menos penosa a ideia de que o outro faz mais sucesso, é mais rico, tem uma mulher mais bonita ou é mais amado. É uma lógica abominável, mas que ilustra bem o domínio das paixões democráticas.

Contudo, Tocqueville, como Hobbes fizera antes dele ao colocar o dedo sobre a paixão, a seu ver fundamental, chamada medo, esqueceu-se de uma dimensão essencial na sua grande e bela análise das paixões: é que as paixões democráticas não são apenas paixões medíocres e funestas. Acrescento a essa tradição da análise dos interesses e das paixões o fato de haver uma paixão coletiva e sociologicamente nova: o amor, que se declina segundo diversas modalidades de sentimentos, como a simpatia. Mais uma vez, o amor existe desde sempre, mas, antes de o casamento por amor triunfar, ele não tinha o papel central que passou a ter desde então, o de elo prioritário da família e da sociedade.

A política na aurora de uma nova era   153

CLAUDE CAPELIER — O amor não era o valor fundador da célula de base que é a família para a sociedade; agora que passou a sê-lo, ele se propaga, a partir das famílias, para a coletividade, e estabelece-se finalmente como o valor fundamental do conjunto social e de sua organização.

LUC FERRY — Sim, pode-se dizer assim. Para além da indignação, da raiva e do despeito, que são a meu ver paixões abomináveis, o amor se tornou a paixão mais forte e mais comum em nossas vidas. É isso que acrescento às análises tocquevillianas, análises aliás muito profundas, porém incompletas — o que é normal, uma vez que no seu tempo a família "moderna" ainda não o era verdadeiramente. Nesse sentido, pode-se dizer que o amor tornou-se generalizadamente uma paixão democrática, ao menos tanto quanto a raiva, a indignação e o despeito.

CLAUDE CAPELIER — É óbvio, mas mesmo assim não custa insistir, não se trata de retroceder à diferença entre a "liberdade dos antigos" e a "liberdade dos modernos", no sentido de Benjamin Constant: ninguém quer limitar a autonomia da vida privada, muito pelo contrário. Não se trata de fazer uma política totalitária e menos ainda uma política sentimental. Simplesmente, os valores privados tornaram-se o cerne das questões políticas. Desenvolvem-se políticas a respeito da saúde, educação, apoio à terceira idade, ecologia, e se espera da ação política, doravante, que ela procure (mesmo que não consiga tanto quanto se gostaria) levar em conta o conjunto dos meios que permitam aos indivíduos se desenvolverem plenamente o melhor possível. Essa reorientação das finalidades políticas é uma primeira ilustração do que você chama de "revolução do amor". Além de tudo isso, que continua ainda um pouco geral, quais devem ser os efeitos políticos mais concretos, na sua opinião, acarretados pelas modificações em curso?

Da revolução do amor
à questão do futuro da Europa

LUC FERRY — Evidentemente, aqui não é o lugar para propor um programa detalhado no intuito de cobrir cada um dos grandes departamentos ministeriais. Não vou discutir a contribuição para a proteção social, nem essa ou aquela medida destinada a combater o desemprego ou efetuar uma reforma nos serviços públicos. Contudo, quem compreendeu o que eu disse até agora deduz sem dificuldade que a questão política fundamental é a do futuro da Europa, como civilização singular e preciosa da autonomia. E não é unicamente da autonomia política, nem só da invenção da democracia e dos direitos do homem. Ela é também a civilização onde arte e cultura vão se emancipar da tutela das religiões: pela primeira vez na história da humanidade, sobretudo na fabulosa revolução realizada pela pintura holandesa do século XVII, veem-se quadros que se emancipam do tema religioso ou cosmológico para se dedicar à representação da vida cotidiana, do humano como tal. A representação da vida cotidiana, da vida humana como tal, é a própria ilustração do ideal de autonomia que vai caracterizar crescentemente a Europa ao longo de sua história.

Assim, ao contrário de Lévi-Strauss, eu acho que, *nesse aspecto*, a Europa é uma civilização superior a todas as outras: ela trouxe para a humanidade uma cultura de autonomia sem paralelo. Autonomia que é, evidentemente, em parte política. "A liberdade é a obediência à lei que foi estabelecida", já dizia Rousseau. É o princípio republicano e democrático por nós encarnado. A Europa é também a aplicação dos direitos do homem, mesmo que — e nós repetimos

A política na aurora de uma nova era 155

suficientemente — tenha havido também escravidão, colonização e fascismo. A Europa é sobretudo a civilização da contracultura: abolimos a escravatura por nós mesmos, não porque perdemos uma guerra. É, por fim, como falei anteriormente, o continente onde os humanos foram, pela primeira vez, tratados como adultos, e não como crianças. Há uma superioridade da Europa quando se trata de autonomia e de maioridade nos planos político e cultural, mas também no plano da vida privada. A passagem do casamento arranjado ao casamento por amor é a própria autonomia. É o mais belo exemplo de cultura da autonomia, e ninguém pode negar que esse fenômeno histórico nasceu na Europa, mesmo que depois tenha se estendido mais ou menos pelo restante do mundo. A questão da sobrevivência ou, se quisermos falar em termos menos pessimistas, do florescimento da civilização europeia, é, portanto, a meu ver, a questão mais crucial, e a crise que atravessamos hoje torna-a mais urgente do que nunca.

Assim, vou tentar dizer algumas palavras mais concretas.

Há duas interpretações para a crise atual. É errôneo, aliás, falar de "crise", pois, tratando-se de fenômeno estrutural, não se pode falar propriamente de "sair".

A primeira interpretação é essencialmente a dos liberais: é ouvida, por exemplo, no discurso de Angela Merkel. Ela privilegia a preocupação com restrições orçamentárias, com a redução da dívida e dos déficits. Afirma que o que nos mergulhou, a nós, velhos países europeus, na crise da dívida soberana, foi a lógica da demagogia. Com promessas eleitorais de todos os tipos, acumulamos despesas não financiadas e por isso acabamos terrivelmente endividados: o endividamento da França eleva-se hoje a mais de 1,7 trilhão de euros. E assim nos vemos entregues de pés e mãos atados às agências de classificação de risco e aos mercados financeiros. Diante de tal perspectiva, insultar os tais mercados e criticar o mundo das finanças é praticamente tão inteligente quanto insultar um tubarão que veio nos devorar porque estamos tomando banho no mar onde eles pululam: não faz rigorosamente nenhum sentido. Os mercados financeiros não são seres pessoais aos quais se podem administrar lições de moral. Se quisermos sair da crise, é preciso aplicar com rigor a famosa "regra de ouro", ou seja, voltar a um estrito equilíbrio orçamentário para permitir o desendividamento. C.Q.D.

O problema com essa leitura dos fatos é que o desendividamento é praticamente impossível sem crescimento, sobretudo se as taxas de juros dos países endividados explodem porque as agências de classificação de risco as rebaixam. Daí a credibilidade relativa de uma outra interpretação da crise.

Ela parece ser exatamente inversa, uma vez que afirma que o endividamento não é absolutamente a causa de nossas dificuldades. É justo o contrário! Felizmente, dizem os soberanistas republicanos (tanto de direita quanto de esquerda), nos endividamos, pois, caso contrário, teríamos ao mesmo tempo impedido o crescimento e rompido o tecido social. Há hoje, na França, 8 milhões de pessoas vivendo com menos de 900 euros por mês de acordo com os últimos cálculos do INSEE:* se não tivéssemos nos endividado, se não tivéssemos adotado uma política social financiada por empréstimos, se tivéssemos endurecido os amortecedores sociais, não só teríamos freado o crescimento que ainda subsiste, como também imposto

---

* INSEE: Institut national de la statistique et des études économiques. (N.T.)

A *política na aurora de uma nova era*   157

um intolerável sofrimento à população, com o risco de resultar em revoltas que teriam enfraquecido ainda mais nossa economia.

Qual é então a verdadeira causa, se não é o endividamento? É, assim dizem os que sustentam essa tese, a ausência de uma política econômica, social e financeira europeia, cujo perfeito símbolo é a independência do Banco Central Europeu (CBE). Por que, perguntaremos, a União Europeia, desprovida de direção econômica e política, que, basicamente, funcionou satisfatoriamente durante trinta ou quarenta anos, estaria hoje condenada ao fracasso, a menos que passe por reformas de cima a baixo? Porque a situação é diferente: os Brics (Brasil, Rússia, Índia, China e alguns outros) entraram no circuito do consumo e da produção à ocidental. A China, sobretudo, exerce hoje sobre nossas economias um triplo efeito de *dumping* que se tornou insuportável e inadministrável por nossos velhos Estados-providência. Para começar, um *dumping* econômico: os custos de produção das empresas chinesas são em média 25 vezes inferiores aos nossos. Em seguida, um *dumping* social: nesses países, não existe Estado-providência, política social, sindicatos nem partidos políticos independentes. Por fim, um *dumping* monetário: o iuane está, dizem, subavaliado 50% em relação ao euro. A Europa é impotente para lutar contra o triplo *dumping*, uma vez que, por construção, não pode executar políticas comuns, que seriam impostas aos Estados membros.

Assim, nos vemos completamente sem recursos diante da concorrência de 2,5 bilhões de indianos e chineses que saem da miséria — e só podemos nos regozijar por eles! —, mas que exercem sobre nós uma competição completamente desigual. Ainda por cima, o BCE é obrigado, pelos tratados que garantiram sua independência e fixaram seus objetivos, a limitar-se a escolhas que têm pouca relação com as necessidades da hora: no melhor dos casos, ele deve encontrar artifícios complexos e, de direito, discutíveis, para encarar os desafios mais urgentes. As soluções adotadas para ajudar os países mais endividados são, como todos sabem, insuficientes para salvá-los, tanto mais que os planos de austeridade mergulham-nos na recessão. Estamos, portanto, à beira do abismo.

A verdade é que as duas linhas de interpretação são, ambas, globalmente verdadeiras. Claro, foi o endividamento que nos conduziu a ficar de pés e mãos amarrados diante dos mercados financeiros e das agências de classificação de risco, mas também é preciso reconhecer que não foi por nada que nos endividamos. Sem crescimento econômico e sem política social e monetária, não reduziremos os déficits. Não é — ou pelo menos não apenas ou nem mesmo principalmente — limitando as despesas do Estado que reduziremos o déficit.

Essa questão, que parece meramente material, econômica, política, no sentido mais tático do termo, é, na realidade, a da sobrevivência da Europa como civilização. Christian Saint-Étienne propõe a criação, dentro da União Europeia, de uma entidade política nova composta de nove países. Eles adotariam um governo econômico comum e um "euro federal". Nessa Europa restrita não existiria mais disputa entre os diferentes Estados, principalmente no plano fiscal e financeiro. Como diz Christian Saint-Étienne: a Califórnia é mais rica do que a Alemanha, o Alabama é mais pobre do que Portugal, mas a repartição equânime se faz no nível do orçamento federal, no nível do Estado americano, sem que a questão seja sequer colocada. Da mesma maneira, é absurdo imaginar que a Grécia vá se tornar um país industrial (ela será sempre, mesmo no longo prazo, um país de serviços e de turismo). A exemplo da repartição equânime operada entre os estados nos Estados Unidos ou entre as regiões francesas, deve-se assegurar uma transferência de recursos dos Estados europeus mais ricos para os mais pobres, o que supõe harmonizar sua fiscalização e fazer cessar a concorrência entre eles sobre tal questão. Isso não pode ser feito em uma Europa de 27. Por isso a ideia de criar, dentro dela, uma nova Europa autenticamente federal, com o casal franco-alemão, a Espanha, Portugal, Benelux, Áustria e Itália. Como acentua Christian Saint-Étienne, a História mostra que nenhuma moeda sobrevive muito tempo se não tiver por trás dela um soberano. Uma vez constituída essa nova Europa federal, seria necessário exercer ao mesmo tempo uma política de regra de ouro, uma política de desendividamento dos Estados e uma política de crescimento. Essa última deve se apoiar, como recomenda também Jacques Attali, há muito tempo sem ser ouvido, na emissão de "eurobônus" e em um grande empréstimo (que tem pouco sentido no nível francês, mas é essencial no nível europeu, dispondo-se assim de poder econômico suficiente para que o aumento da dívida não seja sinônimo de enfraquecimento).

Tal solução, aprovada pela maioria dos economistas sérios, provavelmente não tem nenhuma chance de se realizar "a frio", por causa das múltiplas inércias que, inevitavelmente, vão contrariar sua adoção. Porém, na urgência de um agravamento súbito da crise, infelizmente mais do que provável, não é inimaginável que os chefes de Estado prefiram correr o risco desse histórico passo adiante, em vez de se deixarem levar — e seus povos com eles — para um inevitável naufrágio.

O que está em jogo é o projeto europeu em seu conjunto, projeto sem o qual a cultura da autonomia que mencionei ainda agora corre o risco de desaparecer. E mais uma vez, para fazer um elo com a revolução do amor, coloca-se a questão do futuro das próximas gerações. Nós queremos, pensando nelas, que a Europa da cultura da autonomia subsista e floresça ou queremos que desapareça? O que está em questão é a preservação e o florescimento de um modelo que pode ser proposto para o restante do mundo. Devemos afirmar a nós mesmos claramente se queremos mantê-lo ou não. Se não o fizermos, aí sim os soberanistas acabarão vencendo, o euro explodirá e será o fim do projeto europeu. Será uma catástrofe não econômica — ou não apenas econômica —, mas, antes de tudo, intelectual, moral e política. Assistiremos ao retorno dos nacionalismos, e nossa história será doravante a do declínio.

Capítulo 3

Sobre o espiritual na arte e na educação

LUC FERRY — Acabamos de ver como os novos papéis do amor na esfera privada refratam-se na esfera pública, a ponto de reconfigurar de maneira inédita um campo político que se emancipa progressivamente das antigas causas sacrificiais, a Nação e a República, para se centrar no futuro das próximas gerações. Poderíamos pensar que a educação, e mais ainda o ensino, seriam menos permeáveis a esse novo princípio de sentido, uma vez que se apoiam em parte nas tradições herdadas e contribuem para transmiti-las; veremos que, ao contrário, o humanismo do amor reorganiza-os em profundidade, ao mesmo tempo abrindo novas dimensões. Este capítulo, dedicado à vida espiritual na educação e na arte, vai nos permitir, por outro lado, compreender melhor, por assim dizer, "por dentro", como os aspectos públicos e os aspectos íntimos do amor se combinam nesses domínios que estão, cada um à sua maneira, na confluência do individual e do coletivo.

A educação e o ensino
na era do segundo humanismo

Antes de entrar propriamente no assunto, gostaria de fazer, à guisa de preâmbulo, duas observações. Elas me parecem necessárias para evitar passar um sentimento de concórdia, de que estaríamos no melhor dos mundos, o que é obviamente falso: como no casal, e mesmo nos aspectos mais gerais, o amor traz para a educação possivelmente tantos ou até mais problemas do que soluções.

O amor tanto traz
quanto resolve problemas

O amor-paixão, eu disse, é ao mesmo tempo motor do casal moderno e o que o fragiliza, motivo principal de nossas uniões e principal causa de nossos divórcios. Aliás, eu insisto também, transforma-se facilmente em seu duplo, o ódio, e, sendo assim, é decerto mais difícil manter juntos seres humanos cuja paixão tornou-se um traço de caráter dominante e uma aspiração fundamental — isso não acontecia, por exemplo, no tempo em que a lógica dos interesses era mais importante do que qualquer outra consideração. É a mesma coisa quando se trata de educação. Não é por invocarmos o amor como novo princípio da família que devemos cair na ingenuidade de acreditar que ele torna tudo maravilhoso e fácil. Sob muitos aspectos, ele nos complica singularmente a vida, sendo possivelmente no campo pedagógico que essa complexidade se manifesta de maneira mais evidente. É onde ele desempenha um papel ao mesmo tempo essencial, quase vital, mas também incrivelmente

Sobre o espiritual na arte e na educação 163

perturbador. Em suma, na educação como no casal, o amor é tanto a dificuldade quanto o princípio da solução.

Da educação ao ensino

Minha segunda observação é que é crucial, ao abordarmos essas questões, fazer uma distinção que, com bastante frequência, negligenciamos: a que separa *educação* e *ensino*. Em princípio, *educação* é uma questão dos pais, na relação que os liga a seus filhos. Ensino não é tarefa dos pais, mas dos *professores*, e não se dirige às crianças em todas as dimensões de suas personalidades, mas a *alunos*. Pais/filhos/educação, professores/alunos/ensino: as palavras têm um sentido, e é melhor evitar confundi-los. Os professores não são os pais de nossos filhos e não têm de ser — o que, de resto, eles não desejam em hipótese alguma. Reciprocamente, não é desejável que os pais interfiram demais no ensino ministrado a seus filhos nas salas de aula. Pode acontecer, bem entendido, de os pais decidirem se encarregar eles mesmos da responsabilidade de assegurar o ensino que os filhos devem receber, mas é exceção, o que em nada muda o princípio: a educação e o ensino envolvem relações de natureza distinta entre os adultos encarregados do ensino e as crianças que dele se beneficiam. Claro, os problemas da educação e os do ensino estão intimamente ligados. Às vezes coincidem, quando os pais ajudam os filhos a fazer suas tarefas ou os professores dão aqui e ali lição de moral a alunos indisciplinados, mas nem por isso são os mesmos.

Pode parecer óbvio, mas hoje não é mais tão evidente, pois há cada vez mais pais deixam às escolas o encargo de uma educação

164   DO AMOR

que eles são incapazes de assumir. Seria contudo mais do que desejável, digamos desde logo, que as crianças fossem educadas *antes* de chegar na escola e que os professores fossem amplamente desincumbidos de tarefas ligadas à educação propriamente dita. Mesmo que o ensino comporte necessariamente uma parte educativa, ele deve se concentrar prioritariamente na transmissão de saberes. A maior parte das dificuldades com que nos defrontamos hoje no ensino tem a ver com a confusão entre os dois registros, ou para dizer mais claramente: o ensino padece consideravelmente de uma deficiência de educação *antes* da entrada na escola. Essa deficiência está amplamente ligada à valorização, nas famílias, do amor excessivamente sentimental pelos filhos, da afetividade por vezes desmedida a ponto de ser exercida em detrimento do mínimo de autoridade parental sem o qual nenhuma educação para a civilidade é possível. Donde se conclui que o amor, quando é excessivo, transbordante, indisciplinado, mal dominado ou mal vivido, é às vezes mais o problema do que a solução.

Vejamos agora por quê.

As três dimensões, cristã, judaica e grega, da educação europeia: o amor, a Lei, as obras

Uma educação (e digo bem "educação", e não "ensino") é bem-sucedida quando conseguimos transmitir aos nossos filhos o amor, a Lei e as obras. É o que chamo de elemento cristão, elemento judaico e elemento grego. Adoto aqui referências europeias, mas não é por europocentrismo. Se fosse iraquiano ou chinês, encontraria outras sem dificuldade, mas, como falo de um fenômeno que tem

Sobre o espiritual na arte e na educação 165

origem na Europa e eu sou ligado à educação tal como a praticamos, sirvo-me das nossas referências. Por que o amor, a Lei e as obras?

No que concerne ao *amor*, remeto-me ao que dizem hoje os bons psiquiatras e psicanalistas: quando as crianças não têm o sentimento de ter sido suficientemente amadas, ficam fragilizadas. O amor que damos a elas, que lhes transmitimos, permite que adquiram, na existência adulta, a "autoestima", a capacidade que Boris Cyrulnik chama de "resiliência" sem a qual não se pode enfrentar os acidentes da vida. A resiliência, na física, é a propriedade que um sólido que foi deformado tem de voltar à forma inicial. Para os humanos, é a capacidade de recuperação diante dos acidentes da vida, das catástrofes enfrentadas, ou mesmo, mais simplesmente, diante dos obstáculos ou dificuldades que surgem inevitavelmente ao longo da existência. Mesmo que, evidentemente, as coisas não aconteçam de forma tão mecânica, podemos aceitar a validade geral deste princípio: quanto mais uma criança foi amada, mais terá confiança em si, mais será dotada de uma certa autoestima que lhe dará mais forças para superar as armadilhas e os obstáculos. Vemos aí, ao menos em princípio, o elemento fundamental do cristianismo, que é a transmissão do amor. Mas, doravante, o cerne e a base do sentido de nossas vidas é a família moderna, uma família na qual, na imensa maioria dos casos, não apenas amamos nossos filhos como os *adoramos* — o que o cristianismo, como se sabe, não recomenda ("só se adora a Deus").

O segundo elemento, da mesma maneira fundamental, é o da *Lei*. É o que Lacan designava no seu jargão como sendo a dimensão do "simbólico", de que a Lei mosaica é, de alguma maneira, o arquétipo. Se faço referência à tradição judaica, é porque ela é uma religião da Lei. O que não quer dizer absolutamente que não seja igualmente uma religião do amor: há uma filosofia do amor muito bonita no judaísmo. Contudo, o que se retém culturalmente na Europa é antes de tudo a glorificação da Lei, que as crianças devem respeitar porque é a Lei, e não insistir em perguntar "Por quê?". Porque é assim! A Lei, essa lei que não se discute, que não se negocia com os filhos, segundo o princípio de que nosso "não" deve ser um não e nosso "sim" um sim, é o que lhes permite entrar na vida cidadã, ou, para dizer mais simplesmente, no espaço da civilidade. Se não lhes transmitimos a Lei, nós as tornamos incivis e, no limite, serão impelidas à marginalidade, ou mesmo à loucura. Nós as privamos de meios de viver em harmonia com os outros. O amor não basta: é preciso o elemento judaico da Lei para que nossos filhos possam se comportar convenientemente e ter relações pacíficas com os outros, *inclusive com os que não amam*, até com os que detestam e com os quais é preciso ainda assim evitar entrar em guerra, ceder à violência. Pois, ao contrário do que afirmavam as ideologias de Maio de 68 com seu famoso e idiota "É proibido proibir", nenhuma educação pode fazer abstração da Lei.

Por fim, as *obras*. É o que eu chamo de elemento grego, pois são os gregos que, essencialmente, inventaram os "gêneros" literários em torno dos quais nossa cultura se estruturou: eles distinguiram as primeiras grandes obras filosóficas, literárias, poéticas, científicas, teatrais etc. Se não transmitirmos a nossas crianças os saberes fundamentais, que são como um tesouro escondido nas grandes obras, nós não as "equipamos", por assim dizer, para enfrentar a vida por vezes improvável, frequentemente tumultuosa e diversa, que as aguarda nas sociedades democráticas desembaraçadas das tradições.

Sobre o espiritual na arte e na educação 167

Transmitir o amor, a Lei e as obras: compreende-se agora porque eu dizia que era a definição de uma educação bem-sucedida. Mais uma vez, eu estou falando de educação, não de ensino, ainda que o terceiro elemento tenha evidentemente a ver com ele.

O amor tende hoje a fragilizar perigosamente o respeito à Lei e o conhecimento das obras

O amor, hoje, sob o efeito da revolução do sentido da vida, de que é o cerne, tende literalmente a "devorar" a Lei e os saberes. Amamos tanto nossos filhos, amamos com tamanha paixão, com uma sentimentalidade às vezes tão excessiva que, com frequência, não somos mais capazes de transmitir a autoridade da Lei nem de fazê-los trabalhar suficientemente para que os saberes fundamentais sejam plenamente adquiridos. Uma comparação histórica seria terrível para nossos filhos. Basta pensar nas dissertações de noventa páginas que Nietzsche escrevia para seus condiscípulos do ginásio aos 15 anos de idade — em grego, por favor —, e sobre os méritos comparados de Sófocles e Eurípides, para avaliar o quanto nossas crianças, por mais inteligentes que sejam, perderam em capacidade de trabalho em relação aos bons alunos dos séculos passados. Escrever em grego não exige, de resto, nenhuma inteligência particular — todos os gregos, mesmo os mais burros, conseguiam! Supunha, para um jovem alemão ou um jovem francês do século XIX, uma quantidade de trabalho hoje totalmente inimaginável. O essencial da *Fenomenologia do espírito*, de Hegel, era um curso destinado a alunos do segundo grau, também com 15 anos de idade! Schelling escreveu suas primeiras obras aos 19 anos: nenhum de nossos filhos, por mais genial que seja, seria capaz de escrever com a mesma idade um centésimo do que ele escrevia a partir de um conhecimento de Kant e de Fichte igualmente inimaginável nos dias atuais por nossos estudantes. Notem bem que eu não estou me referindo ao gênio, nem mesmo ao talento, mas simplesmente à quantidade de trabalho. Quando mergulhamos na biblioteca que jovens românticos como Hugo, Gautier, Nodier ou Nerval já tinham absorvido na idade em que nossos filhos fazem o vestibular, somos tomados pelo sentimento de que, apesar de todo o amor que temos por eles (ou melhor, como vamos ver, por causa dele), o declínio da capacidade de trabalho, mas também das motivações que a constituem, tem algo de assustador mesmo constatando que, em compensação, o leque de informações, experiências e reflexões a que os jovens de hoje têm acesso é incomparavelmente maior do que o reduzido leque das gerações anteriores.

Pois é um fato, e diretamente ligado à revolução do amor: amamos de tal maneira nossos filhos que somos incapazes de fazê-los trabalhar como deveriam para se tornarem adultos cultos, na acepção do termo; somos inclusive incapazes, para dar um exemplo ainda mais trivial, de mandá-los dormir em uma hora razoável, de nos fazer obedecer sem discussão inútil, sem negociação, quando sabemos, no entanto, que eles correm o risco de ficar exaustos no dia seguinte e não conseguir prestar atenção na aula. Gostamos tanto dos nosso filhos, *para dizer a verdade, nós os amamos às vezes tão mal e temos ademais tanta vontade de ser amados* que não temos um mínimo de autoridade sem a qual a educação se torna difícil, e o ensino mais ainda.

Sobre o espiritual na arte e na educação 169

O amor é o problema, mas é também a solução

O amor nos prega peças. Ele deteriora a autoridade e a capacidade de trabalho. Mais uma vez, contudo, se ele é fator de problemas, é também o princípio de solução: estou convencido de que não é através do retorno da palmatória, da "restauração" no sentido político do termo, de uma volta atrás estoicamente "republicana", dogmática, que vamos superar as dificuldades; *é, ao contrário, por amor aos nossos filhos que terminaremos compreendendo que é preciso transmitir-lhes a Lei e os saberes, que um momento de autoridade, de esforço e de trabalho é necessário à busca futura da vida boa.* Amá-los verdadeiramente é amá-los "bem", é tomar consciência de que, no interesse deles, é vital o momento da autoridade e do trabalho.

CLAUDE CAPELIER — *O tríptico cristão, judaico e grego — o amor, a Lei e as obras — está presente em toda a história da Europa, mas, segundo equilíbrios diferentes, fundados em princípios que mudam com as épocas. Se, nos dias de hoje, a Lei e as obras "sofreram um revés" com a revolução do amor, não é simplesmente exigindo que se restabeleça o equilíbrio que tudo vai se arranjar. O amor tem sua própria dinâmica e, uma vez que se tornou o fundamento de nossa maneira de apreender a vida, não é senão a partir do que ele valoriza que poderemos esperar reconstruir uma relação fecunda com a Lei e as obras...*

LUC FERRY — É justamente por aí que o amor pode, frequentemente, por assim dizer, "corrigir-se a si mesmo". Você tem razão quando diz que o tríptico sempre existiu: a educação provavelmente sempre esteve fundada no amor, na Lei e nas obras. Só que hoje as proporções não são mais as mesmas, assim como a natureza do amor também mudou. Para dar um exemplo concreto, a figura do "superpai" não existia na minha infância. Os pais de família começavam a ver uma criança entrar no seu campo de visão quando tinha 5 ou 6 anos, nunca antes. O bebê era bem mais filho de sua mãe do que do pai. Hoje, os dois papéis, paterno e materno, aproximam-se cada vez mais. Claro, ainda se podem apontar diferenças, achar exemplos contrários, mas a constatação geral permanece. As feministas vão objetar, com razão, que as mães continuam realizando a maior parte das tarefas da casa e cuidando mais regularmente do que os pais da organização da escolaridade e dos lazeres dos filhos. Mas a verdade é que, em cinquenta anos, digam o que disserem, a reaproximação operada no modo de participação dos pais e das mães na educação dos filhos caminhou provavelmente mais do que em quinhentos anos! Todos nós trocamos fraldas e demos mamadeiras em proporções que nossos avós ignoravam quase totalmente.

A primeira coisa com que devemos nos preocupar, por mais banal que possa parecer, é que as crianças sejam suficientemente "bem-educadas", como se dizia com razão nas famílias tradicionais, para que, ao chegar na escola, tenham condições de aprender o que lhes é ensinado, para que os mestres não se vejam reduzidos a fazer o trabalho que os pais não fizeram. Vive-se em um ambiente de "é tudo com a escola", deixando tudo cada vez mais por conta dela, por incapacidade de construir a autoridade na família.

Essa confusão de gêneros acaba produzindo efeitos perversos nos dois sentidos. Eu não gostaria que os professores cuidassem da educação dos meus filhos, não só porque não é a ocupação deles

Sobre o espiritual na arte e na educação

como, além disso, por não achar desejável em si: a educação pertence à esfera privada, da família. Claro, seria perigoso pretender estabelecer uma fronteira absolutamente estanque entre o que diz respeito à educação e o que tem a ver com o ensino; há sempre uma parte de um dentro do outro. Assim como é deplorável ver os pais contestarem sem parar a autoridade dos mestres e as escolhas pedagógicas legítimas dos professores, estes últimos devem manter suas iniciativas em termos de educação dentro dos limites das regras mais elementares da moral comum e dos princípios da laicidade: era o que já preconizava Jules Ferry na sua célebre *Lettre aux instituteurs* [Carta aos mestres]. Um professor não tem de dar sua opinião sobre felicidade ou sobre vida boa, menos ainda sobre política ou religião. Essencialmente, portanto, é preciso que a educação seja dada pela família antes de a criança entrar na escola e, de modo mais completo, antes de ela chegar aos cursos preparatórios. Consequentemente, nós, pais, devemos fazer com que a autoridade seja transmitida, o que não significa demonstrar autoritarismo, mas ter capacidade de transmitir o sentido da Lei, do esforço e do trabalho.

Sem mal-entendidos: não estou pregando um "retorno da autoridade" tradicional. Estou convencido de que podemos, no novo estilo da família moderna, inventar outras formas de autoridade compatíveis com o primado do amor, o que supõe a aplicação de um princípio educativo bem simples: refletir atentamente, quando educamos os filhos, sobre o que nos parece merecer dizermos firmemente "não" e sobre o que justifica dizermos "sim" sem reticências. Devemos nos assegurar de que nossas aprovações e nossas proibições são motivadas por motivos suficientemente coerentes para que possamos aderir a elas sem que uma pequena sombra de dúvida, que sempre chega para minar a autoridade, seja imediatamente percebida por nossos filhos — especialistas nessa hora em se aproveitar e tentar negociar. É a condição básica para que nossos "sim" sejam "sim" e que nossos "não" sejam "não"; em outras palavras, para que não haja negociações com os filhos ou, pelo menos, não haja negociações intermináveis. Mais uma vez, não estou dizendo que não se discuta jamais com os filhos, mas que a negociação deve ser reduzida ao estrito mínimo.

Isso tudo é tão corriqueiro que talvez achemos irrelevante: mas eu creio, ao contrário, que engloba questões da maior profundidade. Se a ausência de lei é deletéria, "a autoridade pela autoridade" produz efeitos desoladores. Por não hierarquizar suas proibições, muitos pais põem no mesmo plano recusas arbitrárias, caprichosas ou fúteis e as exigências mais essenciais. Não se proíbe a uma criança de 3 anos de mastigar um pedaço de papel, o que nunca matou ninguém, em um tom comparável ao que se usaria para impedi-la de arranhar um bebê ou tratar os pais de imbecis. É crucial saber acentuar que certas exigências têm uma importância não negociável, ao passo que outras são simplesmente circunstanciais ou de alcance limitado: é assim que as crianças poderão interiorizar progressivamente uma escala justa de valores. Vejo com muita frequência pais que dizem não de modo arbitrário, e, obviamente, sem convicção, a pedidos aos quais poderiam dizer sim sem problema, simplesmente por temor de não ter suficiente autoridade. Acontece também de o medo de que a criança se machuque levá-los a proibir qualquer coisa como se se tratasse de um crime.

Perdão por mencionar esses exemplos um tanto triviais, mas é para que se compreenda que, em matéria de autoridade, é preciso

Sobre o espiritual na arte e na educação　　　173

que se esteja suficientemente convencido para que a criança compreenda que o "não" é um verdadeiro "não". Ela precisa dessa autoridade serena e refletida da Lei para se construir, para entrar, como diz Lacan, no mundo do simbólico, no espaço público, o mundo da civilidade. A educação deve ser transmitida antes de a criança entrar no mundo da escola, pois, mais uma vez, não compete ao professor encarregar-se dela.

CLAUDE CAPELIER — *A "hierarquização das exigências e das proibições", de que você fala, está hoje, na maior parte das famílias, fundada diretamente no amor. Isso muda profundamente as ideias sobre o que requer de nossa parte um "sim" ou um "não". Antes de mais nada, temos vontade de limitar as proibições ao que nos parece verdadeiramente importante. Em seguida, tendemos a modular a expressão das proibições em função das personalidades e dos temperamentos, os das crianças, em primeiro lugar, mas também os nossos. Por fim, prestamos atenção — nas crianças — em sentimentos, gostos, angústias, reflexões muito mais diversas do que era o caso no passado e isso também muda em parte o leque das proibições que impomos e as perspectivas que damos sobre elas. Desejamos oferecer aos que amamos a possibilidade de se desenvolverem ao máximo, terem relações com os outros tão positivas quanto possível, e é a partir dessas considerações que determinamos as regras e as proibições sobre as quais não cedemos, pois nos damos conta de que elas são condição necessária para relações verdadeiramente humanas e civilizadas. É bem diferente da atitude que, com bastante frequência, no passado, consistia em impor a autoridade simplesmente porque era conforme com a tradição ou com uma máxima geralmente recebida. Mesmo quando a Lei que impomos é simplesmente a da moral comum, que continua sendo uma parte indispensável da educação, a ela acrescentamos "harmonizações" ou complementos relacionados à variedade dos sentimentos que acabei de mencionar.*

174 DO AMOR

Quando o amor é o princípio, o jogo das permissões e das proibições está centrado na própria criança e na nossa relação com essa criança. O que não nos impede, muito ao contrário, de fixarmos um certo número de regras, pela razões que enumeramos.

LUC FERRY — Você tem toda a razão. O princípio fundamental da educação agora é este: por intermédio do amor, e não do retorno a formas de autoridade tradicionais, nós, pais de hoje, pais "modernos", compreendemos que a autoridade e, da mesma maneira, a Lei e o trabalho necessário para a aquisição dos saberes mais preciosos, são vitais para nossos filhos. Não é, como eu disse, a "volta da palmatória": é aí que nossos neorrepublicanos se enganam. Não é um retorno à III República, à "educação rígida", a uma concepção prioritariamente autoritária do papel dos pais. É por amor que eu tomo consciência de que é vital para meus filhos entrar no espaço da Lei, do conhecimento e das grandes obras — tão vital quanto vesti-los e alojá-los convenientemente...

Sempre me irritei com os pais que ainda lutam uma tarde inteira, como se fazia nas famílias tradicionais, para que a criança coma o espinafre que lhe dá vontade de vomitar. Nunca infligi isso às minhas filhas. Não vejo absolutamente por que impor às crianças o que jamais imporíamos a nós mesmos. Uma de minhas grandes alegrias, quando me tornei adulto, foi poder dizer que ninguém mais me forçaria a engolir uma sopa de alho-poró, sopa miserável com a qual me azucrinaram a existência quando eu tinha 3 ou 4 anos! Os pais acham que estão fazendo o certo, eu sei. Querem que as crianças comam "saudavelmente" — fórmula atroz que eu não posso, hoje ainda, ouvir sem ironia. Precisamos de legumes, sobretudo de legumes verdes, mas — é bem sabido — raras, muito

Sobre o espiritual na arte e na educação 175

raras são as crianças que gostam deles. Preferem as boas massas com manteiga e o arroz, quando não — horror dos horrores — um pavoroso hambúrguer do McDonald's! Fazer o quê? Não digo que não seja necessário buscar soluções para que comam "saudavelmente", ou que não se deva pedir-lhes às vezes alguns esforços, mas, por favor, evitem-se os melodramas que estragam domingos inteiros.

O que quero dizer com esse exemplo, que serve para muita gente, é que, a julgar pelo tempo e furores que alguns lhe dedicam, invertem todas as prioridades de uma educação sensata os pais que fazem do consumo de cenoura ou de alho-poró uma questão vital para a existência! Tudo se passa como se comer alho-poró fosse tão importante quanto escutar Mozart, acabar o dever de português ou compreender equações matemáticas! É uma excelente ilustração do fato de que, frequentemente, o "não" é dito fora de propósito e os pais fazem esforços em um setor que na verdade não merece tanto.

Inversamente, tenho a maior dificuldade para entender como os pais podem ser tão idiotas e importunos a ponto de deixar os filhos fazerem uma balbúrdia dos infernos na praia ou no restaurante, que são espaços de civilidade. É pouco suportável e não pressagia nada de bom no ambiente escolar, onde seguramente a falta de respeito pelo outro se repetirá em relação aos mestres, bem como aos outros alunos. A falta de educação para a civilidade que estraga a vida dos professores e impede-os de dar suas aulas em condições normais, que cria um burburinho permanente dentro da classe porque as crianças falam à vontade, mexem-se sem parar por serem incapazes de fixar a atenção: é por tudo isso que vale mais a pena lutar, e não pela "causa" das verduras! É para isso que realmente vale a pena dizer não, fazer a criança entender que não é negociável.

Para se orientar a respeito de tais questões, o princípio do amor é excelente. Mais uma vez, basta refletir, em função, justamente, do amor que temos por nossos filhos, sobre o que realmente desejamos. É o adágio minimalista do amor: "Não faça com os outros o que não gostaria que fizessem com você." O aprendizado do esforço, da civilidade, da escuta dos outros, o aprendizado da calma, do trabalho, da concentração, é algo que faz parte da educação e que deve, eu repito, estar resolvido antes de as crianças entrarem na escola.

A revolução do amor enriqueceu e diversificou considevelmente as relações que temos com nossos filhos, abrindo a educação a novas dimensões do ser humano

CLAUDE CAPELIER — *Nós falamos muito das regras de vida e das proibições, mas me parece evidente, na maneira como educamos nossos filhos hoje, que há muitas outras coisas que mudaram, em direções que não têm mais a ver com os limites que lhes impomos, mas com o desenvolvimento positivo de suas potencialidades e talentos. Vemos isso sobretudo no leque maior de assuntos que abordamos com eles, no fato de fazermos questão de seguir seus raciocínios e aprofundá-los, tanto ou mais do que faríamos com um adulto, ainda que, evidentemente, sob formas diferentes. Mas isso se vê também na maneira como os valorizamos, na variedade de experiências que nos esforçamos para lhes oferecer.*

LUC FERRY — Sim, é verdade, eu mencionei até agora sobretudo a educação como propedêutica do ensino; em outras palavras, o que os pais devem fazer para que a educação recebida pelas crianças na família permita aos professores, na escola, dar as aulas sem

Sobre o espiritual na arte e na educação 177

dificuldade. Por isso abordei a questão da educação, senão de maneira negativa, ao menos principalmente sob o signo da autoridade, das proibições; em suma, da Lei. É hoje evidente que, nas nossas relações com os filhos, desenvolvemos muitas outras dimensões.

E é especialmente vital pelo fato de vivermos em um mundo quase inteiramente voltado para o consumo, mundo onde a tentação de comprar mil coisas é permanente. Nossas sociedades se tornaram de fato sociedades hiperconsumistas. O risco é, pois, real, para nossos filhos, de serem permanentemente tentados, para além do amor que podemos lhes dar, para além da questão da autoridade ou da Lei, pela lógica que Lucrèce já havia apresentado como prejudicial, em um tempo em que ela ainda não se tornara a regra comum: a do desejo infinito de novidades que propiciam alegrias efêmeras acompanhadas de decepções permanentes, uma espécie de "gozo decepcionante", para não dizer causador de adição, que leva ao consumo e ao reconsumo, sempre e mais, em uma verdadeira corrida frenética. No Natal, nossos filhos são exageradamente cobertos de brinquedos, e uma quantidade nem sempre negligenciável acaba, uma semana mais tarde, largada em um canto da casa, onde nunca mais servirá para nada.

De novo, não acredito em ruptura autoritária e repentina com essa lógica, ainda que ela possa ser prejudicial: não seria possível, a não ser cortando radicalmente nossos filhos do mundo no qual são chamados a viver para confiná-los no círculo estreito de uma família que viva, ela própria, artificialmente, à margem da vida contemporânea. Dificilmente poderíamos imaginar pior maneira de prepará-los para ser autônomos e seguros de si dentro de uma

178 DO AMOR

sociedade da qual, nessa hipótese, eles não conheceriam nada ou detestariam tudo. É por outros meios que temos de ajudá-los a adquirir referências, desenvolver sobretudo uma vida interior mais rica que lhes permita não aceitar passivamente a pressão das modas, não se perder no vício consumista e traçar o próprio caminho de maneira menos dependente de seduções materiais.

Para conseguir educá-los acima da esfera apenas do consumo, é preciso, pois, dar-lhes o mais cedo possível o sentimento, como diz Pascal, de que há "ordens do real" e que elas não se equivalem. Comprar objetos é divertido, não há dúvida, mas é preciso de alguma maneira provar com fatos, não com palavras, que se pode fazer melhor. Reconheço que hoje é muito difícil. Podemos, para dar de novo um exemplo concreto, contar-lhes histórias, se possível histórias magníficas, como, por exemplo, os grandes mitos gregos, quando eles são pequenos. É preciso falar com eles, como recomenda Bettelheim no seu belo livro sobre os contos de fadas, sobre todos os assuntos evocados nessas histórias, inclusive os mais chocantes, sem temer se aprofundar, contanto que façamos em meio à conversa, sem cair na afetação didática. É preciso levar até eles a dimensão de cultura que é, perdão por dizê-lo, o mais das vezes absolutamente oposta ao que se entende comumente pela palavra "cultura" nos programas de televisão. A cultura, a verdadeira, não é a meu ver a indústria cultural, digamos, a música descartável, nem a *avant-garde* do gênero FIAC* e Monumenta...** É justo o contrário,

---

* FIAC — Foire Internationale d'Art Contemporain. (N. T.)

** Exposição anual de arte contemporânea, no Grand Palais, em Paris. (N. T.)

Sobre o espiritual na arte e na educação

e identificar esse "contrário" não é tão difícil: se as obras atravessaram os séculos, se continuam sendo ensinadas em todas as universidades do mundo, como é o caso dos mitos gregos e dos contos de fadas, há grandes chances de ter uma razão! Comecemos pelos clássicos, sempre haverá tempo mais tarde para a música descartável e a *avant-garde*...

Passar meia hora por noite, ou um pouquinho mais, lendo grandes contos de fadas a crianças pequenas ou mitos gregos um pouco mais tarde, depois grandes obras literárias, é oferecer-lhes encantamento, é criarmos com elas um elo pessoal, é dar-lhes referências culturais quase sem pensar, mas é ao mesmo tempo também um maravilhoso "objeto transacional", um maravilhoso tema de discussões e compartilhamento de ideias, valores e sentimentos. Em suma, uma magnífica maneira de fazer o amor existir, de particularizá-lo, decliná-lo, de "esquematizá-lo", diríamos, no vocabulário filosófico.

Escrevi, dentro dessa perspectiva, um livro sobre mitologia grega no qual conto as versões originais dos grandes mitos (e não as versões edulcoradas, deformadas e o mais das vezes assepsiadas que encontramos nas coleções para crianças), para que os pais possam contá-las aos filhos, e escrevi com, principalmente, duas ideias preconcebidas na cabeça.

A primeira é que os grandes mitos gregos falam de tudo que fascina as crianças, mas também os adultos: morte, sexo, amor, guerra, relação com o Cosmo, salvação, honra, glória, aventuras extraordinárias, crime e castigo, destino etc. Neles está toda a condição humana. São ao mesmo tempo relatos palpitantes pelos quais nos apaixonamos junto com as crianças e um maravilhoso assunto de conversa. Pois o amor só pode dar lugar a relações verdadeiramente interessantes se resultar em conversas particulares, em relações singulares, em trocas cotidianas. Na ocasião da leitura e das discussões por ela ensejadas, a cultura aparece como objeto de transição entre os que se amam. E desde logo ela se torna mais interessante, a ponto de permitir, se feita com método, concorrer ao menos em parte com o mundo do consumo e da televisão.

É aí que surge minha segunda ideia, a de que é preciso mostrar aos nossos filhos que existem, como eu dizia, ordens do real, que existe alguma coisa acima do consumo. Nossos filhos precisam experimentar o sentimento que todos nós conhecemos como adultos: quando acabamos de chegar no fim de um livro que adoramos e gostaríamos de ter o volume 2. Ninguém sai da lógica do puro consumo, que pode se tornar perniciosa, se nada conseguir contê-la ou ultrapassá-la. Por outro lado, não podemos ser radicalmente hostis ao consumo, seria um absurdo. É à sua lógica imperialista que é preciso, ao que me parece, se opor. E não é privando as crianças de televisão, computador ou jogos eletrônicos que conseguiremos.

Expliquei antes por que eu acho que seria contraproducente. Sou mais sensível à lógica do confeiteiro que diz a seus aprendizes: "Comam todas as bombas de chocolate, tortas e guloseimas que quiserem. Ao final de três meses, não vão suportar mais, vão querer ver outras coisas." Temos de levar nossos filhos para ver outras coisas, dar-lhes a ideia de que há coisas que ultrapassam o mundo do consumo. Não se trata de privá-los, mas de levá-los a um mundo mais elevado. Esse mundo é o mundo da cultura entendida não como produto de consumo ou de inovação permanente, mas como o lugar das grandes obras e, como tal, superior ao mundo do consumo.

Sobre o espiritual na arte e na educação

CLAUDE CAPELIER — Poderíamos dar um alcance mais geral à sua análise. Como você, eu penso que os grandes mitos e as obras-primas oferecem, através das emoções que nos provocam, referências culturais insubstituíveis, uma vez que desenvolvem formas possíveis de relações com a existência particularmente profundas e poderosas, que permitem nos orientarmos de maneira mais livre e bem-informada na vida. Mas nas famílias que, por qualquer razão, são privadas da cultura do livro, pode haver, se forem amorosas e atentas, um equivalente do que você descreveu. Em torno das histórias da vovó, do tio, dos amigos, dos vizinhos, a respeito de filmes ou de novelas de televisão, tecem-se conversas nas quais se compartilham reflexões de crianças e adultos, forjando representações muito ricas e sólidas em um ambiente por vezes cheio de emoções e de ternura. A grande cultura tem um papel insubstituível, mas estou querendo dizer que, na família moderna fundada no amor, as relações com a criança alargaram-se e aprofundaram-se consideravelmente, e em direções ainda mais diversas do que mencionamos até aqui.

LUC FERRY — Ao mencionar contos de fadas ou de mitos gregos, não estava falando de uma cultura "burguesa" e "refinada", mas de cultura popular. O que importa é o caráter "transicional" das obras — quaisquer que sejam elas —, ou seja, o fato de servirem de mediação moral, afetiva e intelectual com nossos filhos. Sem dúvida, é isso que mais mudou com a emergência da família moderna, e que precisa ser mais aproveitado do que provavelmente vem sendo.

Antigamente, fosse nas famílias camponesas, burguesas ou aristocráticas, uma criança não falava, ou falava pouco, à mesa. Se queria dizer alguma coisa, devia pedir autorização de maneira quase cerimoniosa e, frequentemente, ela lhe era recusada. O silêncio era a regra, as crianças não tomavam a palavra. Comia-se em silêncio.

O bem conhecido horror do domingo, que simbolizava a "refeição em família", é amplamente ligado ao que descrevo aqui. As coisas mudaram, por vezes de cima a baixo e, mais uma vez, é preciso aproveitar. O almoço não é mais uma refeição interminável durante a qual se deve escutar em silêncio a mastigação dos adultos, e pode ser, se não for feito às pressas em um canto de mesa com pratos semiprontos, uma ocasião privilegiada para estabelecer a união entre as gerações. Quando recebemos amigos, incluímos quase sempre as crianças na mesa dos adultos, com a ideia de que isso pode enriquecer seus espíritos, e não as mandamos mais se calarem.

O amor precisa de mediações. Eu me lembro, a esse respeito, do livro *Bela do Senhor*, que, ao ser publicado, foi objeto de discussões entre nós, jovens filósofos, sobretudo nas reuniões organizadas por meu velho amigo Castoriadis. Era um livro culto, um tema de debate sem fim entre nós. No belo livro de Albert Cohen há uma passagem, se minha memória não falha, na qual Ariane e Solal, os dois personagens principais, perdidos de paixão um pelo outro, retiram-se em um hotel. Ficam sozinhos, em face um do outro, em um duelo, por assim dizer, do qual os outros e todo o restante da sociedade estão excluídos. Rapidamente terminam se fuzilando com o olhar, compreendendo que a relação loucamente apaixonada, privada de mediações sociais, não funciona e se torna estéril, para não dizer deletéria. Eles trocaram declarações de amor, beijaram-se, fizeram amor, disseram um ao outro o quanto eram sublimes, mas, com tudo isso, terminaram se entediando loucamente. Por quê? Porque se defrontam com a necessidade de mediações, de sociedade, com a necessidade de um terceiro termo, o que eu chamei de objeto transicional, para que seu amor se concretize, e não definhe.

Sobre o espiritual na arte e na educação

Ocorre exatamente o mesmo com nossos amigos, nossas mulheres ou nossos maridos, mas também com os filhos: temos necessidade de mediações, de objetos transicionais a partir dos quais nosso amor se "conjuga", se particulariza, se concretiza — eu multiplico os termos por não dispor, fora do jargão filosófico (o do "esquematismo"), de uma palavra que convenha melhor. Não dá para ficar o tempo todo dizendo "eu te amo", "você é um amor", beijando as bochechas de nossos filhos... Temos necessidade de "articular" o amor. Escolhi a mitologia grega, não por espírito "burguês", não para que meus filhos tenham uma cultura clássica "refinada" — embora não chegue a fazer mal! —, mas sobretudo porque os grandes mitos são histórias literária, psicológica e metafisicamente geniais, porque abordam, como eu afirmei, todos os grandes temas. Eles permitem que tenhamos com nossos filhos, senão conversas de adultos, ao menos conversas sobre temas de adultos, e com muito menos tabus do que costumava ser no passado.

Foi também dentro desse espírito que mencionei o livro de Bruno Bettelheim sobre os contos de fadas. Eu o acho admirável. Bettelheim explica, entre outras coisas, que é errado propor às crianças versões edulcoradas dos contos, onde as cenas mais "chocantes" são censuradas ou eufemizadas, sob o pretexto de não "traumatizar" os jovens ou tornar o relato mais conforme com a moral. Nos contos de fadas originais, penso em *Branca de Neve*; por exemplo, na versão dos irmãos Grimm, a madrasta é obrigada a calçar sapatos de ferro escaldante e dançar até morrer. Em *Cinderela*, as duas irmãs cortam os próprios pés para entrarem no sapato. Nessas versões originais, a menção de detalhes sádicos, de duríssimas punições ou de elementos da vida amorosa ou sexual, permite às crianças liberar

184   DO AMOR

o que têm dentro de si e buscar na ficção modos de responder às suas interrogações mais secretas: o fato de os adultos não as proibirem de pensar em tais coisas, uma vez que aceitam ler e discutir tais histórias, desculpabiliza-as. É algo incrivelmente liberador e que provoca discussões por vezes magníficas ou encantadoras. Tudo isso faz parte de uma relação de amor com nossos filhos muito mais bonita e profunda do que a relação limitada, cheia de proibições e de censura, que existia na família tradicional há apenas cinquenta anos.

Mas essa nova liberdade dos costumes não deve resultar em crianças chegando à escola sem terem adquirido os comportamentos, as atitudes e a disciplina necessários para que as aulas possam ser produtivas e prosseguir em boas condições. Observação que nos leva à segunda subdivisão desta parte: o ensino na era da revolução do amor.

O ensino confronta-se doravante com três dificuldades

Vou, para começar, me concentrar em três problemas relativamente inéditos, no mínimo novos em relação aos anos 1950, quando se acreditava que estivessem, senão resolvidos, ao menos prestes a sê-lo. São três os problemas onde o ensino hoje tropeça, cuja realidade, salvo por má-fé, ninguém mais contesta: a família moderna, eu disse, só tem vantagens, mas, para tentar tirar o melhor partido, temos todo o interesse em não fechar os olhos para seus inconvenientes.

Sobre o espiritual na arte e na educação

A retomada do analfabetismo funcional

Há, primeiramente, a imensa questão do analfabetismo funcional. A luta contra essa tragédia foi nosso cavalo de batalha quando estávamos juntos no Ministério da Educação entre 2002 e 2004. Antes de comentar as estatísticas alarmantes, convergentes e, desgraçadamente, hoje perfeitamente estabelecidas, vou citar, para iniciar a reflexão, uma pesquisa particularmente sugestiva realizada pela Direção de Estudos e Estatísticas (DES, na sigla em francês) do Ministério da Educação na metade dos anos 1990: ela foi feita a partir de cópias de diplomas de conclusão do ensino fundamental dos anos 1920 encontradas, esquecidas, dentro do porão de uma subprefeitura de Somme — 9 mil cópias de diplomas compunham uma amostra representativa que permitia comparar os desempenhos, sobretudo em matéria de domínio da língua, com os alunos de hoje. O diretor da administração que conduzia a pesquisa tomou o cuidado de eliminar todos os desvios, tudo que pudesse falsear a comparação. Sabe-se que os professores só apresentavam para a obtenção do diploma de conclusão de curso 10% ou 12% de seus alunos, e que eles os preparavam o ano todo; escolhemos, pois, comparar com eles, em 1995, uma lista de bons alunos escolarizados de classes de 5ª série desse ano. Decidimos suprimir todos os temas que não eram mais atuais. Também nos demos conta de que a França era muito mais rural do que é hoje: então acrescentamos um novo critério de seleção para que a amostra de nossos alunos de 5ª série tivesse a mesma composição sociológica que o grupo que havia prestado o exame nos anos 1920.

Os resultados da pesquisa, sobretudo no que diz respeito ao domínio da língua, não são menos catastróficos para nossos alunos

186 DO AMOR

de hoje (ver Ministério da Educação, Les Dossiers Éducation et Formation, n? 62, fevereiro de 1996). Em ditado, constataram-se 17 erros em média, contra 5 da época. A pesquisa foi feita, lembro, em 1995. No momento em que falo, os resultados seriam bem piores, pois a situação degradou-se consideravelmente.

Com meu amigo almirante Béreau, realizamos um estudo que cruzava os diferentes números do Ministério da Educação e os do Ministério da Defesa (ver Luc Ferry et al., Combattre l'illetrisme, Odile Jacob, 2009). Esses últimos são muito interessantes, pois durante as Journées d'appel et de préparation à la défense (JAPD, hoje JDC), todos os jovens de 18 anos fazem testes, não se trata de "amostras representativas", de comparações entre amostras, mas do próprio universo de uma faixa etária. O que se constata, cruzando os dados coletados pelos dois ministérios, é que entre 30% e 35% de nossos jovens, na entrada da 6ª série, bem como na saída do sistema escolar (os números infelizmente são os mesmos), têm na média grande dificuldade em leitura e em escrita. Deles, de 7% a 8% são completamente analfabetos; 10% ou 15% leem muito mal; e 10% leem corretamente, mas muito devagar, o que significa que não podem ter acesso à leitura por prazer e que têm dificuldade nos estudos.

*150 mil jovens saem por ano do sistema escolar
praticamente sem diploma nem qualificação*

Defrontamo-nos, em seguida, com um segundo problema, não menos dramático: cerca de 150 mil jovens saem do sistema escolar por ano praticamente sem diploma nem qualificação. Deles, um número pequeno consegue o *brevet* [certificado de conclusão do ensino fundamental] ou *"sorties à niveau"* [comprovantes de

Sobre o espiritual na arte e na educação

frequência até determinado nível], como se diz nas categorias profissionais, que não correspondem a nenhum diploma oficialmente reconhecido. Portanto, os jovens deixam o sistema educativo em situação de fracasso escolar absoluto.

Mais de 80 mil "incidentes graves" por ano registrados em estabelecimentos escolares

Enfim, constatamos ainda entre 80 mil e 90 mil incidentes graves — trata-se de fatos realmente preocupantes, violências, tráfico de drogas, de armas, agressões sexuais etc. — assinalados por ano em nossos estabelecimentos. E acrescente-se que não é senão a ponta do iceberg, pois só os fatos mais graves são registrados pelos diretores dos estabelecimentos, que, obviamente, não registram tudo.

Portanto, para resumir, estamos enfrentando três problemas importantes: em primeiro lugar, um aumento colossal do analfabetismo funcional. Se eu dissesse à minha avó, que era diretora de escola, que o problema principal da escola na França nos anos 2000 seria o analfabetismo funcional, ela teria caído da cadeira: para ela era um problema resolvido, pelo menos para todos os alunos que frequentavam assiduamente a escola, como a lei obriga desde Jules Ferry. O segundo grande problema são as incivilidades, as violências e, portanto, a crise de autoridade. O último é a crise de saberes. Essa crise coincide com o fracasso massivo representado pelos 150 mil jovens que saem do sistema muito abaixo do nível do *baccalauréat* [exame no final do curso secundário], o que é insuficiente para se orientarem na existência ou para terem uma verdadeira qualificação profissional.

O que explica os fracassos recentes, senão da escola, pelo menos dos estudantes?

Por que tamanha regressão? A maior parte do tempo, sobretudo entre os neorrepublicanos, incrimina-se sem refletir, como se fosse algo perfeitamente óbvio, o "sistema escolar". É basicamente um engano, pois a verdade é que o sistema escolar francês pouco mudou. É até o que lhe pode ser imputado. De todo modo, ele não piorou em nada em relação a antes. A contratação de professores é mais exigente do que nunca, sobretudo no que diz respeito a professores de escolas. Os concursos são extremamente difíceis, exige-se nível de mestrado, quando, nos anos 1950, 1960 e mesmo 1970, bastava o diploma de conclusão do curso fundamental ou mesmo o BEPC (*brevet* de estudos gerais). Partindo dessa constatação, incriminar o sistema escolar é tão vão quanto acusar o "método global",* outro moinho de vento para Dom Quixotes da velha escola, uma vez que tal método desapareceu há mais de 25 anos da quase totalidade das classes de ensino de leitura. A denúncia dos programas, doutrinas e práticas pedagógicas constitui também uma falsa questão, uma outra banalidade. A verdade é que *a sociedade vai mal, muito mais do que os professores ou o "sistema", os quais, eu torno a afirmar, estão até melhores do que nos anos 1950. Foram os alunos que se tornaram difíceis, por não receberem nas famílias uma educação que os prepare verdadeiramente para receber um ensino digno do nome.*

---

* Método de ensino de leitura a partir de palavras ou frases como imagens visuais indivisíveis, em oposição ao método silábico. (N.T.)

Sobre o espiritual na arte e na educação 189

O que estou dizendo ninguém ou quase ninguém diz, e sei que vou chocar alguns leitores, que pensarão que tento eximir o ministério de suas responsabilidades. Mas não é o caso — e, aliás, logo voltarei a falar de suas missões, do que ele pode e deve fazer. Mas é sempre mais fácil, e mesmo agradável, atacar os professores, o "sistema", a administração, o ministro, do que cuidar da própria casa, a das famílias. Não significa que o ministro não possa fazer nada — mais uma vez, eu vou voltar ao assunto —, mas significa que, por falta de educação, o ensino se torna simplesmente impossível.

É verdade que, no plano pedagógico, cometemos três grandes erros nos quatro últimos anos. Esses erros são, como vou mostrar agora, primeiro o da sociedade, de suas tendências mais fundamentais. Para dizer a verdade, eles são, *paradoxalmente, efeitos perversos da inflação de sentimentos que temos em relação aos nossos filhos.* Pois o aumento do poder do amor e da afetividade nas famílias não tem só efeitos felizes.

Que erros são esses?

"Nem velhos nem mestres": a "sacralização da juventude", contracultura que desvaloriza a cultura escolar

O primeiro é uma espécie de valorização desvairada da juventude que domina nossas sociedades de maneira mais ou menos obsessiva. A partir dos anos 1960, inicia-se o movimento de supervalorização da juventude, todos se ajoelhando diante do que Louis Althusser chamou de "continente infância". As pessoas se mostram cada vez mais rousseauístas, por vezes demagógicas no último grau, o pico tendo sido alcançado nos anos 1970-1980. O primeiro cantor convidado em *horário nobre* explica o quanto ele "continua jovem" apesar de seus 50 anos, o quanto ele ama a juventude, seu orgulho em trabalhar com ela, ser amado e reconhecido por ela, melhor ainda, em continuar fazendo parte dela, apesar de seus alguns cabelos brancos... "Tenho 10 anos!": como se fosse necessariamente "maravilhoso" ter 10 anos, continuar menino, quando se tem 70... Essa supervalorização da juventude vem evidentemente acompanhada de uma desvalorização não apenas da velhice, como da idade adulta, generalizadamente. Tornar-se adulto virou sinônimo de catástrofe. Eu me lembro de discussões com meus amigos participantes do movimento de 1968 que me explicavam que cursos didáticos eram um erro trágico e tirânico, que as crianças, mesmo muito novas, tinham mais coisas para ensinar aos professores do que o inverso, que se devia até botar os velhos no fundo da classe para que elas pudessem finalmente lhes dar lições de vida!

O movimento de sacralização da juventude teve efeitos deletérios tanto na atmosfera geral da sociedade quanto no sistema escolar. Os professores são, aliás, os que menos se imbuíram dessa ideologia: estavam bem-posicionados para ver que ela não tinha muita coisa a ver com a realidade!

"Tenho 10 anos!": quando fui ministro da Juventude, nunca deixei de repetir que não se é grande poeta aos 10 anos, nem grande filósofo, nem grande pintor, grande compositor, grande diretor de empresa, assim como não se é grande piloto ou grande jogador de futebol. Com 10 anos, somos umas gracinhas, adoráveis, mas nada de especial. Querer a qualquer preço encerrar-se nos 10 anos é que se chama de "síndrome de Peter Pan", a do menino que queria ficar a vida inteira no mundo do capitão Gancho, de Wendy e da fada Sininho sem nunca precisar crescer — em outras palavras, a loucura

Sobre o espiritual na arte e na educação 191

a que os adultos se entregaram de maneira bastante lamentável nos anos 1970-1980, a da criança que não quer sair do mundo imaginário. Mas a educação não é outra coisa senão a passagem da infância à idade adulta. *Se desvalorizamos o ponto de chegada, a idade adulta, como poderíamos não desvalorizar também a própria trajetória da educação?* É claro que, como diz o adágio popular, "quando envelhecemos, as rigidezes se deslocam", e envelhecer nem sempre é algo agradável. Mas o mundo dos adultos, quando as coisas dão certo, é mais intenso, mais rico, mais apaixonante e mais inteligente do que o mundo da infância. É preciso mostrar aos nossos filhos que pode ser uma oportunidade formidável sair do universo de Peter Pan.

O reinado da "criança rei" ou o mito
da autoconstrução de saberes: uma "regência"
em nome da qual cometem-se muitos erros

O segundo erro, sempre ligado a um amor excessivamente "sentimental", para não dizer devotado, aos filhos, é o advento da "criança rei". Não gosto dessa fórmula, cuja crítica se tornou "de direita". Mais geralmente entre os neorrepublicanos, é também de uma absoluta banalidade. Ela poderia embaralhar meus propósitos. Não penso em fazer aqui um discurso particularmente "reacionário". Se, entretanto, emprego tal imagem, é porque ela acaba se tornando a expressão consagrada para descrever o fenômeno.

O culto da criança rei, diretamente ligado à desvairada sacralização da juventude de que acabamos de falar, domina a educação, mas também boa parte do ensino propriamente dito, senão entre os mestres, ao menos nos "quadros administrativos", nos programas escolares e nas diretrizes formuladas entre os anos de 1970 e 2000: é o fundamento da ideologia do que se chamou de "renovação pedagógica".

Tudo partia da ideia de que o ensino deveria, o mais possível ou mesmo totalmente, basear-se em métodos ativos, na "autoconstrução dos saberes" pela criança. Ela é chamada a redigir o regulamento interno da escola, como se fosse da sua competência e como se nós, adultos, abríssemos mão da questão da autoridade. Tudo isso, implicitamente, na ilusão de que crianças que redigem por si mesmas as regras de vida em comum, vão respeitá-las melhor — o que, de resto, não é uma bobagem, é simplesmente errado. (Não é a mesma coisa: um erro, e é esse o caso, pode muito bem partir de reflexões que tinham toda a aparência de inteligência.)

No mesmo espírito, abandonaram-se tanto quanto possível as aulas clássicas em proveito do trabalho prático, com documentos, em história ou em ciências. Substituiu-se o ditado pelos autoditados, a redação e a dissertação por "textos de invenção", valorizaram-se as catastróficas "disciplinas de despertar" etc. Tais ideias simpáticas subsistem ainda hoje — elas não chegam a ser uma bobagem, são apenas falsas —, com sua ideologia de "mão na massa", onde se começa fazendo bricolagem, fabricando miniaturas de moinhos de água para produzir eletricidade, pequenas máquinas a vapor a fim de compreender o que é a pressão ou a transformação da energia etc. Tudo isso é muito bonitinho, bem lúdico, mas ao mesmo tempo contrário ao que a aula clássica traz de formidavelmente sintético e condensado. Com tais exercícios, atrasa-se o conteúdo de semanas e semanas, sem se dar conta de que o tempo perdido não é absolutamente compensado pela melhor qualidade das aquisições.

Sobre o espiritual na arte e na educação

Pois a verdade é que — e aí vemos o quanto o inferno é pavimentado de boas intenções — essa detestável "renovação pedagógica" por vezes se baseou em princípios que não são *a priori* idiotas. Constatar, por exemplo, que o sistema tradicional e republicano autêntico às vezes se parecia com uma caserna mais do que com uma escola, não estava errado. Havia alguma pertinência na reabilitação da criança em relação à escola disciplinar. E, de resto, nem tudo deve ser objeto de aula clássica, uma parte das atividades deve sem dúvida repousar sobre a "autoconstrução dos saberes". Simplesmente, "passou-se para o outro lado do cavalo". Foi-se longe demais.

Tratando-se do analfabetismo funcional, as estatísticas falam por si: não só a "renovação pedagógica" não conteve o fracasso, como também, ao refletir as aspirações ultraindividualistas de uma parte da sociedade civil, contribuiu para agravá-lo. Seus métodos hiperativos, sua ideologia da autoconstrução generalizada *subestimaram o fato de que o essencial dos saberes, do ensino como da educação, está relacionado, como tive várias oportunidades de lembrar, à tradição, ou seja, à transmissão de uma herança, de um patrimônio.* Tal transmissão supõe, da parte dos filhos e dos alunos, uma atitude de respeito e humildade, e não de arrogância, própria de quem é tido como rei.

Não é nem um pouco por acaso, haja vista tais erros, que os dois setores nos quais a escola se encontra hoje em mais dificuldades sejam o analfabetismo funcional e as incivilidades, ou seja, os dois domínios mais tradicionalistas que existem. Nenhum de nós inventou a língua do país, nenhum de nós inventou as fórmulas de polidez nem as regras de civilidade. Nos dois casos, trata-se de saberes totalmente patrimoniais, totalmente convencionais e herdados de nossos pais e nossos mestres. Mas o culto da espontaneidade, da criatividade, da autoconstrução ativa dos saberes, tão privilegiadas nos últimos quarenta anos, contraria inteiramente o caráter patrimonial e tradicional destes setores do ensino: a língua materna e a civilidade. Quando termino uma carta dizendo "Senhora/ Senhor, aceite a expressão de meus melhores sentimentos", não há estritamente nada "autoconstruído, criativo, espontâneo. É a pura tradição. Da mesma maneira, aprender os plurais, as regras de concordância, os regimes dos verbos, dos substantivos e dos adjetivos, a gramática, em suma, não envolve nenhuma espontaneidade, nenhum tipo de criatividade: é a tradição, é quase sempre "saber de cor". Claro, "saber de cor" pode ser mais ou menos inteligente: pode-se fazer ditados com temas, em vez de ditados de avaliação. Não impede que seja vital conservar, a tal respeito, um certo tradicionalismo: para ser perfeitamente claro, direi que a criatividade em ortografia chama-se simplesmente erro de ortografia. Criatividade em gramática chama-se erro de sintaxe.

O erro da "pedagogia do anzol":
não é a motivação que precede o trabalho,
mas, ao contrário, é o trabalho que precede a motivação

O terceiro erro, sempre ligado à ênfase sentimental em relação aos filhos, à generalizada "mania do casulo", é o que chamo de "pedagogia do anzol". A meu ver, é o maior erro dos "pedagogos". Eles estavam convencidos de que era absolutamente necessário motivar os alunos antes de fazê-los trabalhar. Então chegavam com violões, apresentavam gravações de cantores da moda, passavam vídeos, falavam de sexualidade feminina e de tudo que supostamente

Sobre o espiritual na arte e na educação 195

pudesse captar a atenção dos alunos, tudo que servisse para aumentar o que os jesuítas chamam de "*captatio benevolentiae*". O problema é que, mesmo com iscas muito atraentes na ponta do anzol, o peixe ia embora tão logo se sentia saciado. Pois, ao contrário do que acreditaram os "pedagogos", *não é a motivação ou o interesse que devem preceder o trabalho, mas o inverso: é o trabalho que, na maior parte dos casos, deve preceder o interesse.* Só nos interessamos de verdade por algo em que, precedentemente, já tenhamos trabalhado bastante. Uma disciplina difícil, seja filosofia, química, história, geografia ou mesmo música, só se torna interessante depois de as exercermos bastante. Acrescento que não conheço meio de fazer com que nossos filhos estudem, a não ser exercendo uma certa autoridade sobre eles.

De resto, o que é um grande professor senão um ser dotado de uma personalidade não democrática mas sim carismática, que, incitando-nos poderosamente ao trabalho, nos faz conhecer as obras ou ter acesso a campos disciplinares difíceis? Provavelmente por não querermos passar por imbecis a seus olhos ou por o acharmos simpático, mas também por possuir uma real autoridade, ele consegue nos fazer estudar loucamente e achar que sua disciplina é, ou pelo menos pode ser, apaixonante.

Essa espécie de hiperamor, de hipersensibilidade que devotamos aos filhos nos fez esquecer de tudo isso. O amor por eles é tamanho que quisemos suprimir todos os estorvos, toda a parte aborrecida do aprendizado, tudo que diz respeito ao *tripalium*.* No final,

---

* Instrumento formado por três paus com que os romanos supliciavam os escravos. A palavra trabalho deriva de tripalium, "instrumento de tortura". (N.T.)

perdemos em todos os lados: o amor não ganhou e a autoridade da lei, bem como os saberes, duas dimensões tão essenciais, sofreram consideravelmente.

É preciso motivar os alunos com atividades lúdicas ou é o trabalho que leva ao conhecimento?

CLAUDE CAPELIER — *Devo dizer que não concordo com a ideia de que o trabalho precede necessariamente o interesse por uma disciplina ou uma obra: no que me diz respeito, em todo caso, quase sempre foi por eu estar apaixonado por alguma coisa — uma questão, uma matéria, uma obra — que comecei a estudar o assunto como um louco. Aconteceu-me também de estudar muito certos assuntos que me pareciam aborrecidos e que, salvo raras exceções, me fizeram bocejar tanto depois quanto antes. Justamente quando desejo apaixonadamente esclarecer e dominar tanto quanto possível um mistério que me seduziu é que posso, com satisfação, passar meses fazendo o trabalho árido e minucioso para começar a conhecer melhor ou conseguir fazer algo de que eu era até então incapaz. Quanto aos professores carismáticos, os únicos que contam verdadeiramente, estou certo de que não é porque eu tinha "medo de passar por imbecil" que eu estudava o que eles ensinavam, mas porque eles tinham me mostrado o ângulo sob o qual tudo aquilo se tornava apaixonante.*

Contudo, compartilho o essencial da sua análise (falamos sobre isso mil vezes), sobretudo o fato de que, ao se privilegiar a "autossocioconstrução" do saber, esquecem-se duas coisas primordiais: primeiro, que com um método desses é preciso 5 mil anos para reconstruir, no melhor dos casos, nossa cultura (um prazo absurdo considerando-se a duração da vida humana); em seguida, que a característica dos humanos é apoiar-se nas descobertas de seus congêneres para fazer as suas; pois, como disse Jerome Bruner, depois de se recusar a perceber durante trinta anos, "é a cultura que dá forma ao espírito".

Sobre o espiritual na arte e na educação 197

Quanto à "pedagogia do anzol", estou de acordo em dizer que, o mais das vezes, ela não funciona, mas me parece que é por uma razão diferente da que você acabou de indicar. A maior parte do tempo, ela consiste em tentar atrair o interesse das crianças sobre coisas que não têm nenhuma relação com o trabalho que lhes será pedido mais tarde: elas não veem a relação, e são elas que têm razão. Ao contrário, um grande professor sabe mostrar alguma coisa na música, na literatura, em ciências, que desperta a curiosidade. Entrevê-se então que, com o trabalho, o interesse crescerá. É um tanto caricatural o modo como você apresenta as coisas.

LUC FERRY — Eu também não concordo com o que você está dizendo. Mas talvez seja, ao menos em parte, um mal-entendido. Evidentemente, é preciso que o professor mostre que não vai nos fazer estudar durante horas assuntos que não têm nenhum interesse. É um mínimo, com efeito, e não vejo quem poderia discordar. No entanto, apesar de tudo, há no que você diz uma contradição, uma contradição de lógica, simplesmente: como um aluno, que é ainda por definição uma criança, poderia se interessar *a priori* por uma coisa, por uma obra ou por uma disciplina da qual ele ignora tudo? Por que, de resto, descartar a dimensão de descoberta inaudita que pode existir no aprendizado, quando se abordam extensões de saberes de que não se tinha a menor ideia anteriormente?

Quando eu descobri a filosofia, lendo um texto de Kant que estava no programa do exame de final do curso secundário, não apenas não entendi nada, estritamente nada, como ainda por cima não sabia o que era aquela coisa estranha chamada filosofia: não se parecia nem com literatura nem com ciência. Se não tivesse havido alguém em quem eu confiava para me dizer que primeiro era preciso estudar, fazer um esforço para ler e compreender, não vejo quem poderia explicitar qual o interesse em ler a *Fundamentação da metafísica dos costumes*! De todo modo, a explicitação só poderia ter sido formal, abstrata, portanto sem grande interesse...

Mantenho portanto que se comece trabalhando, não por ser interessante *a priori* — aliás, seria difícil você me convencer que filosofia é interessante *a priori* —, mas por confiança em um adulto, no caso o professor, pois vemos que o conhecimento que ele tem e que nós não temos ainda enseja atitudes e discursos cativantes. Só muito mais tarde, quando tivermos estudado de verdade, o suficiente para começar a dominar e compreender, é que a obra, desencorajante no começo, se torna interessante. Por isso mantenho que, essencialmente, é por certo o trabalho que precede o interesse.

Na perspectiva proposta por você há uma distorção, porque se parte de algo que as crianças já conhecem, por exemplo, uma música que ouviram e de que gostam. E, como bons professores, vamos mostrar-lhes que ela tem aspectos interessantes em matéria de harmonia, de ritmo, de melodia e tudo o mais. Mas, quando são assuntos absolutamente desconhecidos da criança, quando se parte do zero, como é frequentemente o caso, é totalmente diferente. Como fazer com que se compreenda *a priori* o primeiro livro da *Ética* de Spinoza ou o debate da *Crítica da razão pura*? Tudo o que os professores podem nos dizer, na primeira vez que lemos aquilo, é que, *a priori*, não dá para entender nada! Só quando você vê grandes professores, como foram para mim Heinz Wismann e Jacques Rivelaygue, vê o que eles aprenderam, o que os habita literalmente, o que lhes permite fazer discursos magníficos, dizerem coisas de uma inteligência e de uma profundidade nunca vista antes nem em outro lugar, é que aquilo dá asas em você, dá vontade real de se apropriar desses conhecimentos

Sobre o espiritual na arte e na educação

raros e preciosos. E, para conseguir, não há nenhuma outra via senão a do trabalho. De resto, o mau professor, que infelizmente existe também, é o que estraga a profissão e consegue fazer você desgostar de uma disciplina ou de uma obra, pois ele lhe dá tudo, menos vontade de procurar conhecer...

Claro que é preciso, não vou dizer o contrário, dar uma antecipação do interesse apresentado por um conhecimento que se vai tentar transmitir, e sobre isso acho que estamos obviamente de acordo. Mas uma coisa é dizer: "Você vai ver, é realmente genial, confie em mim, gaste duas horas e verá que eu não estou mentindo. Vou suspender uma ponta da cortina para que você possa perceber", e outra é trabalhar verdadeiramente. Eu não li a *Ética* de Spinoza e não traduzi a *Crítica da razão pura* por prazer, não é verdade. O trabalho é e sempre será, mesmo que seja apaixonante, um *tripalium*, mais ou menos uma tortura. Há no trabalho todo um lado enfadonho, sofrido, que nós só suportamos porque antecipamos a importância do assunto. Contudo, nós a antecipamos, e só depois é que a descobrimos. Precisei de cerca de dez anos para captar o quanto Spinoza e Kant eram, com efeito, geniais. Quando eu tinha 15 anos, eu dizia: "É preciso saber isso porque há aí claramente alguma coisa grandiosa." Mas eu não sabia absolutamente do que se tratava. Estou certo de que, no fundo, só podemos estar de acordo. O grande erro da pedagogia lúdica, da educação pela brincadeira, o que eu chamo de pedagogia do anzol, é ter ao mesmo tempo subestimado o papel "sedutor" do professor e o lugar do esforço e do trabalho.

Alguns países encontraram uma solução para a "escola em pane": por quê?

CLAUDE CAPELIER — *Você centrou sua análise do que chama de "pedagogia do anzol" numa reflexão mais ampla sobre um conjunto de causas que explicam o que Christian Forestier chama de "síndrome da escola em pane", a partir da constatação, desde 1994 exatamente, de que todos os indicadores estatísticos da educação nacional estão no vermelho. Mas todos os países da OCDE conheceram ou conhecem o mesmo problema que nós em matéria de ensino. O que esses países tinham ou têm em comum? A vontade, induzida pelo reinado excessivo do amor, de dar conta das diversas potencialidades das crianças, mas também do professor: ela levou principalmente à multiplicação dos ângulos de reflexão sobre o que ajuda o aprendizado da leitura. Em si, não deixou de ser um progresso: tentou-se delimitar os aspectos sociológicos, linguísticos e até genéticos do aprendizado. Mas isso conduziu a uma explosão inacreditável de atividades que, supostamente, ajudariam os alunos no domínio da escrita. O resultado é que não havia mais nenhuma continuidade nos aprendizados. De uma classe à outra, mesmo de um curso a outro, mudavam-se radicalmente o objetivo e o tipo de exercício. E os pais não compreendiam mais o que estava sendo feito, as crianças não conseguiam mais distinguir o essencial do secundário e os próprios professores se perdiam em grades de análise cada vez mais complexas. No final, não havia mais coerência ao longo dos anos. Que, contudo, é a primeira condição de qualquer aprendizado. O que se fazia nos anos 1950 podia ser muito ruim, mas ao menos tinha o mérito de ser contínuo, o que não é mais o caso hoje.*

Contudo, alguns países encontraram uma solução para esse problema. As vias que eles escolheram são, à primeira vista, muito diferentes umas das outras, mas se percebe, na análise, que elas têm três pontos em comum que poderiam nos servir de bússola para imaginar uma solução adaptada à França. Para começar, eles restauraram uma continuidade nos aprendizados: seja por meios programáticos, como na Finlândia

Sobre o espiritual na arte e na educação

(onde as crianças são acompanhadas durante vários anos por uma mesma equipe que, por conta disso, sente-se responsável pelo sucesso delas), seja por um enquadramento mais hierárquico, como na Coreia do Sul. Em seguida, organizaram-se de modo a que os professores pudessem ajudar os alunos que não compreendiam um exercício ou uma questão "em tempo real", tão logo o problema se apresentava, para evitar que as dificuldades "se incrustassem". Por fim, fixaram como prioridade fazer subir ao máximo o nível de todos os alunos: a análise da pesquisa internacional PISA mostra claramente que os sistemas que visam o sucesso de todos formam também as elites de melhor desempenho, enquanto que os países cujo sistema é mais elitista alargam o fosso entre os piores alunos e os melhores, sem conseguir alçar esses últimos ao nível de seus pares das nações mais igualitárias.

LUC FERRY — Concordo plenamente com tudo isso. Contudo, o problema principal, para tentar resumir o que dissemos, é antes de tudo a desvalorização da cultura dos adultos. Nós nos vemos hoje em uma espécie de configuração absurda na qual os adultos e os jovens são, no plano cultural, como duas tribos que os etnólogos deveriam analisar separadamente. Em suma, os velhos ouvem Mozart e os jovens, rap. Isso não tem sentido. A desvalorização do mundo dos adultos, ligada à exaltação da juventude, foi, me parece, desastrosa, assim como o declínio da capacidade de trabalho, tão marcante na história do ensino. E, mais uma vez, sigo meu fio condutor: o "sistema escolar" é menos responsável do que o conjunto da sociedade, da qual, no fundo, ele não faz senão refletir os defeitos sem ter, contudo, os meios para corrigi-los, porque a educação caminha em sentido contrário ao ensino.

Que iniciativas privilegiar
para superar os problemas atuais da escola?

CLAUDE CAPELIER — *Agora que você analisou os problemas atuais da escola e suas causas, mostrando como eles estão ligados à revolução do amor, está na hora de indicar as orientações que deveriam, a seu ver, ser privilegiadas para superá-los, nem que seja em parte.*

LUC FERRY — A primeira — mas não fui ouvido —, *vox clamantis in deserto*, é a seguinte: é absolutamente necessário que as crianças aprendam a escrever direito, não "ao longo do ensino fundamental", mas na alfabetização e nos primeiros anos do fundamental. Oitenta por cento das crianças que não aprendem a ler nos primeiros anos do ensino fundamental nunca aprenderão a ler. Assim, é preciso reforçar os anos que compreendem a escola maternal, a classe de alfabetização e os primeiros anos do ensino fundamental, e dividir em duas, como eu já fazia com 75 mil alunos, o que não era pouco, todas as classes problemáticas, de modo a reduzir a uma dezena a quantidade de crianças a quem um professor ensina a ler. Isso diz respeito a classes situadas em locais onde as crianças saem da primeira parte do ensino fundamental com 50% de fracasso escolar em escrita e leitura. É, pois, preciso dividir — e insisto, eu fazia e dava resultados notáveis, ao menos quando a academia concordava, o que nem sempre foi o caso — as classes do primeiro nível do ensino fundamental para garantir que nenhuma criança saia dele sem saber ler e escrever direito.

A ideia de fazer um exame entre a primeira e a segunda parte do ensino fundamental é uma falsa boa ideia, por duas razões. Primeira, é tarde demais, o fracasso já ocorreu. Não é na entrada da segunda

Sobre o espiritual na arte e na educação　　　　　　　　　203

parte que se deve pôr a barreira. Ademais, o que se fará com os que ficaram retidos diante da barreira? Se é um verdadeiro exame, alguns serão reprovados. O que fazer com esses alunos? Imaginemos até que eles só representem 10% de uma geração. O que fazer no final de três anos? No final de dez? Manteremos centenas de milhares de alunos com até 15 anos de idade na primeira parte do ensino fundamental? O exame de entrada na segunda parte do ensino fundamental só tinha sentido quando havia cursos complementares, ou seja, uma via profissional seguinte à primeira parte do fundamental, o que, felizmente, ninguém mais quer, nem o patronato. Os que não passavam na prova seguiam a via profissional com 12 anos de idade. Quem hoje ousaria pôr crianças diante de tal impasse? Não vamos fabricar pequenos operários que fracassaram na escola aos 12 anos, certo? É absurdo. Se quisermos remediar tal situação, será preciso obviamente focar na divisão das classes iniciais do ensino fundamental, dando atenção aos aprendizados básicos.

A segunda coisa a fazer é adotar medidas de impacto para que a via profissional seja escolhida positivamente, e não por falta de opção: isso supõe prolongá-la através da excelência, com qualidade suficientemente incontestável para que seja internacionalmente reconhecida. Em outras palavras, é preciso criar imediatamente quatro ou cinco grandes escolas, escolas profissionalizantes de alto nível, a exemplo da Polytechnique, da ENS e da HEC* na área profissional.

---

* *Polytechnique*: escola de engenharia. ENS: École normale supérieure (forma pesquisadores e professores nas áreas literária, científica e tecnológica). HEC: École des hautes études commerciales (escola de administração) (N.T.)

Evidentemente, é preciso fazê-lo com a ajuda das empresas e nos setores em que a França tem melhor desempenho, como barcos de passeio, hotelaria, vestuário, programas de computador... É preciso criar escolas profissionalizantes abertas de modo claro e decidido a todos os cursos, inclusive de alto nível, para que todos que desejarem e tiverem talento possam obter o diploma superior ou o *master* profissional.

Paralelamente, é urgente desenvolver "cursos alternativos", que permitam ao aluno, a partir dos 14 anos, quando desejar, descobrir ofícios (estou dizendo *descobrir*, e não praticar: não se trata de aprendizado), ao mesmo tempo que adquire o essencial dos ensinamentos gerais do colégio: isso dá a ele a possibilidade de seguir uma formação que o prepare para uma profissão que escolheu com conhecimento de causa ou voltar ao colégio e prosseguir o aprendizado geral.

Para terminar, tenho a dizer que, ao contrário do que costumo ouvir, nem tudo está perdido em matéria de educação. O pior ficou para trás. Estamos no momento em que é possível sair do marasmo da escola-caserna, bem como da "renovação pedagógica". Estamos saindo da dificuldade, e não com um volta atrás, um retorno à palmatória, uma restauração — e é aí que os neorrepublicanos se enganaram —, mas por motivos "modernos": a verdade é que, por causa do amor pelos filhos, os pais começam de fato a entender que é preciso também transmitir a autoridade e os saberes. É o que nos dá esperança.

A arte na era do segundo humanismo

CLAUDE CAPELIER — Passando da política à educação e, agora, da educação à arte, nos nós aproximamos progressivamente do "centro do reator", do local onde as reações mais íntimas fusionam, de algum modo, com as representações mais coletivas, as realidades mais comuns, para expor e desenvolver, segundo as palavras de Milan Kundera, "as formas até então latentes da existência".Vamos poder observar "de dentro", por assim dizer, a espécie de transmutação pela qual o sentimento do amor, privado por excelência, se torna o fundamento primordial de uma visão de mundo na qual, consciente ou inconscientemente, todos nos reconhecemos.

Frequentemente se pretendeu que os artistas de gênio estavam "à frente de seu tempo". Eu creio que haja nessa ideia uma parte de verdade: poderíamos dizer, para encurtar, que os grandes pintores da Renascença abrem o caminho a um humanismo que deverá alcançar Descartes para receber, no século XVII, sua fundação filosófica, e, no final do século XVIII, com a Revolução Francesa, encontrar uma realização política correspondente. É preciso reconhecer que a arte tem mais margens de manobra imediatas, com as cores do pintor, as notas do músico ou as palavras do romancista, do que a política, na qual um novo princípio não pode se impor senão através de uma multiplicidade de processos socioeconômicos e de atores cuja maior parte lhe resiste, de uma forma ou de outra! Quanto à filosofia, ela chega necessariamente com um certo atraso: não se pode pensar o presente antes que ele se manifeste! É o sentido do célebre aforismo de Hegel: "A ave de Minerva só levanta voo ao entardecer."

Por todas essas razões (e algumas outras que aparecerão mais adiante), a reflexão sobre a arte, em particular sobre a arte moderna e as obras recentes, é um meio privilegiado de detectar os sinais antecipadores das vias que a revolução do amor pode vir a adotar no futuro.

Por outro lado, a análise das obras e da experiência estética dá as chaves que nos levam a uma compreensão mais apurada de nossa relação com o mundo e com a existência, doravante fundada no amor: uma vez que esse sentimento se torna o valor fundamental e que desejamos liberar todas as dimensões fecundas da existência, vivemos nossa vida como uma obra em criação contínua. Entramos em uma era estética.

Mas a revolução do amor vai além de uma relação estética com o mundo, pois ela oferece um princípio de sentido mais geral e engendra uma nova figura do sagrado, que você chama de "sagrado com rosto humano". A questão, então, é saber como a arte moderna contribuiu para essa revolução e como ela a ultrapassa.

A arte moderna como arte da desconstrução das tradições

LUC FERRY — A arte moderna e a arte contemporânea são antes de mais nada artes da desconstrução de tradições e da inovação, da ruptura com o antigo e da paixão pelo novo — sem o quê, de resto, seria difícil explicar o nome que lhes foi dado. Todos concordam com isso, eu espero, sem muita dificuldade, mas prefiro começar, apesar de tudo, fixando ideias simples, ideias sobre as quais podemos estar de acordo, para poder identificar, em seguida, os pontos que ainda são objeto de debate e, sobretudo, as lições mais profundas que podem ser tiradas.

A célebre correspondência entre Kandinsky e Schönberg, no começo dos anos 1910, evidencia bastante bem a convergência de seus projetos: tanto um quanto o outro explicam que a desconstrução da figuração na pintura corresponde perfeitamente à desconstrução da tonalidade na música. Kandinsky usa uma metáfora que eu acho extremamente significativa e que vai atravessar todo

Sobre o espiritual na arte e na educação 207

o século XX: ele compara a vida cultural, a vida artística no caso, com um grande triângulo que se desloca no tempo. No ápice, encontra-se o gênio. Kandinsky vai, aliás, propor uma historiografia da genialidade moderna que fará história: no campo das artes plásticas, diz ele, é Picasso que ocupa o ponto que fecha o triângulo no seu ápice; no campo da música, é Schönberg. Logo abaixo dessa ponta genial, que só deixa espaço para um homem, estão os que são um pouquinho menos geniais: segundo Kandinsky, trata-se de Manet e Cézanne nas artes plásticas, de Debussy na música. Eles são um pouco menos audaciosos, um pouco menos revolucionários, um pouco menos *avant-garde*. Em seguida, quanto mais se desce em direção à base do triângulo, mais se desce em direção ao "povo idiota", à "massa ignara", que não entende nada, por definição, de *avant-garde*.

Kandinsky esclarece então o que talvez seja o essencial dessa mitologia da *avant-garde*: como o triângulo se desloca inteiro ao longo do tempo, acaba chegando o dia em que o gênio mal compreendido (como ele está adiante do seu tempo, está necessariamente sozinho) será enfim reconhecido. Quando a base do triângulo tiver alcançado o ponto onde estava o ápice genial algumas décadas antes, mesmo a massa idiota do povaréu, para a qual Kandinsky só tem sarcasmos, acabará compreendendo que aquele de quem ela zombava ou a quem isolava era, afinal, genial.

O esquema é absolutamente claro. Ele sublinha a que ponto a "arte sábia" do século XX privilegiou uma estética da ruptura com a tradição e a inovação permanente, as duas faces inseparáveis da moeda.

Eu penso, no mesmo sentido, em um pequeno texto de Duchamp que citei em Homo aestheticus, que se chama modestamente *A Propos of Myself* [A Propósito of Myself]. É uma conferência que ele dá diante de uma plateia de americanos, naturalmente estupefatos, aos quais ele explica que mudou seis vezes de estilo em um único ano. Pretende com isso mostrar a amplitude de seu gênio. Não só ele inova em relação à tradição, como inova também em relação à sua própria tradição! Está constantemente em ruptura, não apenas com tudo que foi feito antes, mas também com o que ele mesmo chegou a fazer. Com o quê, é claro, sugere a seu público que ele é um consumado gênio. Em segundo plano, nessa ideologia da ruptura e da inovação permanentes, encontra-se o motivo que vai caracterizar o século XX em todos os planos: a desconstrução de tudo que tinha a ver com as tradições.

No campo da arte, serão assim desconstruídas — é o tema capital da correspondência Kandinsky-Schönberg — a tonalidade e a figuração, mas também as regras do teatro clássico com Beckett ou Ionesco, as da dança com Béjart e Pina Bausch, as do cinema com a *Nouvelle Vague*, Godard, Truffaut e outros, do romance com o *Nouveau Roman* etc. Todos os rostos tradicionais da cultura foram desconstruídos uns após os outros.

E, como resultado, a cultura tem hoje dois rostos que, curiosamente, são os únicos reconhecidos verdadeiramente pelos que são chamados estranhamente de "formadores de opinião": de um lado, a arte de *avant-garde* e, do outro, a indústria cultural. Boltanski na Monumenta e as estrelas nos degraus do festival de Cannes...

Sobre o espiritual na arte e na educação 209

Uma "desconstrução" pode esconder uma outra: por trás da ideologia da *avant-garde* está a globalização liberal

O desejo de romper com as tradições "em todas as direções" conduziu a maior parte dos artistas do século XX, com raras exceções, a atacar o conformismo burguês, a economia mercantil, o gosto consagrado e as ilusões gregárias das massas submissas às ideias preconcebidas e à publicidade. Mas essa verdade, inegável, esconde outra, bem mais determinante, incrivelmente paradoxal na aparência, embora se torne evidente tão logo o mecanismo é captado: por trás dessa ideologia de *avant-garde*, estava o aumento do poder da globalização liberal. Desenvolvi longamente esse tema nos meus últimos livros e por isso não insistirei muito nele aqui: embora os artistas de *avant-garde* e os industriais "burgueses" tenham se desprezado mutuamente durante muito tempo (o que não é mais o caso, muito ao contrário, nós veremos por quê), o capitalismo e a arte moderna não deixam de compartilhar, cada um no seu campo, uma mesma lógica: a da inovação permanente e da destruição das tradições que lhe é necessária para se impor. Marx tinha total razão: o capitalismo é a revolução permanente.

Para que a globalização capitalista triunfasse, era preciso que os valores tradicionais da arte, bem como dos costumes, fossem desconstruídos por jovens basicamente revolucionários e utopistas, boêmios, artistas malditos e gênios mal compreendidos. Pois nada freia tanto o consumo quanto o fato de se possuir valores tradicionais, como Marcuse já notara falando de "dessublimação repressiva". Para que a renovação incessante dos valores da moda e do consumo

210   DO AMOR

triunfe para o maior benefício dos que lançam novos produtos, é preciso, com efeito, que os ideais tradicionais da moral, do patriotismo, da religião, mas também as convenções do gosto, as formas antigas de representações etc., não lhes sirvam mais de obstáculo, cedam-lhe o papel principal na reestruturação da vida individual e coletiva. O sonho do capitalismo moderno é que o consumidor não tenha mais dentro da cabeça nenhum valor superior ou simplesmente estável que possa servir de obstáculo a que ele se sinta permanentemente tomado pela vontade irrefreável de comprar um novo "objeto de desejo". Se nossos filhos tivessem os valores de nossos bisavós, eles não comprariam três telefones celulares por ano ou o equivalente em jogos Nintendo e outros. Era preciso, para entrar na era do consumo adicto, que os valores que tendem a desacelerar o consumo de massa desaparecessem.

Essa lógica comum à *avant-garde* artística e ao capitalismo explica o fato de o burguês e o boêmio, o artista de *avant-garde* maldito e o grande capitão de indústria terem terminado por se reconciliar, no final do século XX, na figura histórica, eu diria mesmo "historial" no sentido heideggeriano do termo, do *bobo*,* do burguês-boêmio, louco por novidade, por criatividade. De agora em diante, o artista e o burguês comungam na mesma sacralização do terceiro termo comum, a inovação. Eu diria mesmo a inovação pela inovação, que se torna um princípio supremo tanto para o mundo burguês, capitalista e mercantil, onde a inovação é literalmente imposta pela competição mundial, pela lógica absoluta do *benchmarking*, quanto para

---

* *Bobo*: palavra formada pelas primeiras sílabas de *bourgeois* e *bohème* [burguês e boêmio]. (N.T.)

Sobre o espiritual na arte e na educação 211

o mundo artístico. Quando Jeff Koons ou Damien Hirst, dois artistas que hoje estão entre os mais conhecidos e mais caros do mundo, lançam uma nova "coleção", se posso dizer assim, eles têm exatamente as mesmas estratégias de comunicação, os mesmos gestos, os mesmos comunicantes que Steve Jobs quando apresentava seu novo iPhone. O que se exibe nos dois casos é exatamente a lógica de ruptura com a tradição e de inovação permanente.

A arte é um mercado. Quem hoje se interessa realmente pela arte contemporânea? São os grandes capitães de indústria, os grandes financistas, os grandes banqueiros, porque eles são fascinados pela inovação, que é seu pão de cada dia no benchmarking generalizado. O povo permanece a anos-luz da arte contemporânea e, de resto, não tem meios para atuar no mercado de arte.

Assinalar essa convergência é sem dúvida exasperante para os boêmios, sobretudo para eles que, no começo, queriam "chocar os burgueses", ter um para mastigar todas as manhãs no café. A partir do Petit Cénacle* de Nerval, Borel e Gautier, um dos primeiros locais da boemia romântica, revolucionária e antiburguesa, com os "Jeunes France", que também eram chamados de "bousingots"** e iam brigar para defender Victor Hugo contra os "velhos carecas", os "joelhos"***

---

* Petit Cénacle: pequena comunidade romântica cuja existência situa-se entre os anos 1829 e 1833, composta de estudantes de belas-artes, apaixonados pela nova literatura. (N.T.)

** Jeune France, bousingots: jovens republicanos, depois da revolução de 1830; distinguiam-se pela maneira negligente de se trajar. (N.T.)

*** Esses movimentos tinham como principal característica ser formados por jovens: a velhice, os "velhos carecas como joelhos", não era tolerada. (N.T.)

da Académie française, a mitologia da *avant-garde* estava instalada. Entre 1830 e 1890, assiste-se a uma espécie de pré-história da arte moderna, que se diz radicalmente antiburguesa. Esse talvez seja o grande paradoxo do século XX: hoje, não apenas a boemia se tornou burguesa (no sentido de que os grandes artistas contemporâneos são inacreditavelmente ricos e comprados pelos ricos), mas, como se não bastasse, os burgueses se converteram à arte dos boêmios, sabendo-se que há apenas cinquenta anos eles literalmente se detestavam.

CLAUDE CAPELIER — *É um tema no qual você insiste em vários dos seus livros, acentuando que os boêmios e os artistas de* avant-garde *fizeram, sem querer, a cama do capitalismo globalizado e que por conta disso foram os "cornos da História". Mas não poderíamos considerar as coisas em sentido inverso? Os grandes artistas modernos teriam de fato, ao aprofundar a desconstrução, liberado, contra os burgueses escandalizados, formas de existência até então subestimadas ou latentes. Mas, uma vez que essas dimensões novas se encontram expostas e valorizadas, nas artes e depois nos costumes, a própria lógica do capitalismo teria levado os burgueses empresários a desenvolver produtos e tipos de marketing inéditos em resposta às expectativas emergentes engendradas pela modernidade. Se o que estou dizendo é verdade, fica atenuada a ideia de que uns foram os cornos dos outros. Pois, nessa hipótese, é justamente a* avant-garde *que descobre novos campos onde os capitalistas terminam se juntando para conquistar novos mercados. "Ao corno, corno e meio": se os capitalistas tiraram proveito da "desconstrução" dos valores, foram, reciprocamente, obrigados a seguir os artistas modernos em um terreno onde, inicialmente, eles não queriam por nenhum preço (é o caso de dizer) botar os pés! Em suma, me parece que a jogada foi mais igual do que você pretende; uns e outros me parecem ter modificado profundamente*

Sobre o espiritual na arte e na educação 213

o projeto do adversário: *os artistas conseguindo que os burgueses se abrissem ao que lhes repugnava; os capitalistas tirando proveito do que supostamente contribuía para abatê-los.*

LUC FERRY — Pouco importa, afinal, que a jogada se dê nos dois sentidos, o que possivelmente é verdade. O que conta, em compensação, é que a lógica da inovação pela inovação, a lógica da ruptura pela ruptura, foi introduzida no mundo moderno no século XX pela via do capitalismo e da globalização: essa última supõe, uma vez que instaura uma competição feroz, aberta a todos os lugares, em todas as direções, que a inovação se torne a regra absoluta do mundo. Se você quer dizer que a desconstrução liberou o mundo do desejo e que um grande capitalista não pode se desinteressar do mundo do desejo, já que ele é o motor do consumo, então sim, você tem razão. Eu acho que está certo, mas não creio que seja o essencial, que, na minha opinião, tem a ver com duas questões nas quais vou me deter um instante.

A beleza e a inovação

A primeira é a questão de saber se o que nos interessa na arte é antes de tudo a beleza, a inovação... ou as duas. Do meu ponto de vista, são as duas. Há de início a beleza, é claro. Senão, por que se interessar pela arte, e não pela ciência, pela filosofia ou a literatura? Sem a relação com a beleza, por que, simplesmente, a arte deveria existir? É evidente também que nós queremos inovações, uma arte que seja do nosso tempo. Decerto existem hoje compositores tecnicamente capazes de escrever a décima sinfonia de Beethoven, mas qual o sentido?

214   DO AMOR

Mas, se é a beleza a privilegiada, o essencial da arte contemporânea é extraordinariamente pouco satisfatório. Há inovações de variados tipos, com muitos efeitos por vezes chocantes ou engraçados, e neles encontramos muito pouca beleza. Recentemente, eu tive uma discussão surrealista com um conjunto de professores de uma escola de arte moderna na Suíça. Diante do discurso que eu lhes fazia — aproximadamente o mesmo que agora —, eles me explicaram, um pouco irritados, que achavam *Fontaine*, o mictório de Duchamps, e o *Quadrado preto sobre fundo branco* de Malevitch de uma beleza extraordinária.

Evidentemente, não acredito em uma única palavra. Trata-se de puro esnobismo. De resto, o próprio Malevitch — basta ler seus escritos — jamais pretendeu estar em busca de qualquer forma de beleza. Quando o lemos, compreendemos bem que seu famoso quadrado não é para ele senão uma maneira de ridicularizar o que foi o modelo da perspectiva durante séculos: o tabuleiro do jogo de damas, do jogo de xadrez ou do chão dos palácios italianos que serviam de modelo para o aprendizado da perspectiva e do ponto de fuga. Ele jamais pretendeu que o *Quadrado preto sobre fundo branco* fosse bonito, assim como Duchamps não pretendeu que o mictório posto em museu fosse bonito. Eles simplesmente tinham vontade de fazer alguma coisa absolutamente nova, subversiva: um, porque ridicularizava a perspectiva tradicional; o outro, porque desestabilizava a cerimônia pomposa e desmiolada da exposição museológica. Mais uma vez, isso jamais foi feito, nem de perto nem de longe, visando qualquer beleza, mas para criar uma ruptura com a tradição e produzir um efeito de inovação. Da mesma maneira, não tem sentido dizer que o concerto de silêncio de John Cage ou as exposições sem

Sobre o espiritual na arte e na educação 215

quadros de Yves Klein são belos. Trata-se de ruptura em estado quimicamente puro, de inovação pela inovação levada ao extremo mais radical, e não de beleza, sob nenhum aspecto...

Portanto, primeiro ponto: se a paixão é pela inovação, como a de todo industrial que se respeita, então a arte moderna e a arte contemporânea são possivelmente geniais; mas se o que buscamos é beleza, há pouquíssima, a meu ver. Se nos interessamos pelas duas, como é o meu caso, encontramos algumas obras que conseguem conciliá-las, mas são pouco numerosas: Stravinsky, Bartok, por exemplo, cujas obras são incontestavelmente modernas e de uma beleza de tirar o fôlego... Mas não os quadrados pretos nem os mictórios, nem todos os derivados — do tipo monte de carvão do museu de Bordeaux, pianos colocados sobre geladeiras de Darty, Simca 1000 abandonado no fundo de uma granja e outras platitudes do mesmo jaez — que foram produzidas ao infinito ao longo do último século e que têm mais a ver, no fim, com um conformismo da provocação do que com arte...

O que fazer com as dimensões novas da existência liberadas pela arte moderna?

A segunda questão que devemos discutir agora, sobre a qual concordaremos mais facilmente, questão muitas vezes mencionada nestas páginas, é a da liberação, pela desconstrução, de dimensões do humano que eram mantidas em segredo pela arte tradicional, mesmo grandiosa, e *a fortiori* pelos academicistas. Sei que é o que mais interessa e que justifica no fundo o amor pela arte contemporânea. E é verdade, a arte contemporânea e o capitalismo globalizado vão ajudar muito essa liberação que, como já disse, é sobretudo a do inconsciente, do corpo, do sexo, da animalidade, mas também da feminilidade dos homens, da masculinidade das mulheres, do caos, da dissonância, da diferença, da irrepresentabilidade, do primitivo etc. Como diz Lyotard, a arte moderna visa "apresentar o irrepresentável". Muito bem. Tudo isto está liberado: a diferença, a alteridade, a relação com o primitivo com as outras culturas, com a infância, o "realismo intelectual" etc. Liberam-se assim dimensões do humano que a arte do século XIX não levava em conta. E eu não nego que, como toda emancipação, seguramente é, sob certos aspectos, uma coisa boa.

O problema é saber o que se vai fazer do material, por assim dizer, então liberado. Pois se eu acho que Bartok e Stravinsky na música, assim como Kundera e Roth na literatura, produzem algo genial, é porque eles reintegram os elementos desconstruídos e liberados pela modernidade desconstrutora em formas musicais ou relatos que nos levam a descobrir, em toda sua diversidade, através dos contrastes de emoções e experiências que nos oferecem, variantes inéditas da humanidade. Em Kundera e em Roth há personagens, há uma intriga; em suma, há a encenação de grandes experiências humanas modernas: quando começamos a ler seus romances, não paramos ao final de trinta páginas. E, contudo, não estamos mais no romance tradicional: evitam-se os terríveis longos discursos. Adoro Balzac, mas há momentos em que dá simplesmente vontade de saltar cinquenta páginas... Mais do que tudo, esses autores nos falam da morte, do sexo e do amor como nunca se falou antes. Reconheço que foi decerto preciso dar a volta pela arte moderna e pela arte contemporânea para chegar até lá, a obras ao mesmo tempo novas

Sobre o espiritual na arte e na educação

e belas graças ao enriquecimento nascido do que a desconstrução do humano liberou.

CLAUDE CAPELIER — Eu admiro, como você, os compositores e os romancistas que acabou de mencionar, mas não me convence a redução absoluta da arte moderna à simples "desconstrução". Sei bem que os próprios filósofos da desconstrução fazem a tal respeito a mesma análise que você (uma vez não é costume!), mas isso não basta para que eu me alie às suas teses. Concordo plenamente com você que há sempre uma parte de desconstrução em uma arte que, de fato, visa sistematicamente a inovação, mas afirmo que os maiores artistas do século XX foram também reconstrutores. Uma vez liberado um nível da existência esquecido, eles se dedicaram a desenvolver o mundo que se encontrava latente, com as emoções, a poesia, as formas e a visão de mundo que ele guardava secretamente. Quando Picasso pinta uma mulher na cadeira de balanço na cozinha, e as paredes oscilam, as cores se separam, a cara da mulher se torce, eu vejo, na verdade eu sinto, a beleza espontânea dos breves instantes que todos nós conhecemos e que, tanto quanto um quadro de Pieter de Hooch, porém mais diretamente, retratam um instante impessoal da vida cotidiana. Na minha opinião, não podemos deixar de esclarecer essa questão, pois ela enseja a própria ideia que fazemos da revolução do amor: se é verdade, como eu acho, que as obras de Joyce, de Klee, de Boulez e de alguns outros nos oferecem universos que tornam sensíveis dimensões da existência emblemáticas do que vivemos hoje, isso muda a concepção que temos do sentido da vida que nos é aberto pelo segundo humanismo.

Creio que nosso desacordo provém de uma confusão, que eu reconheço ser alimentada por um certo número de artistas que trapaceiam com os conceitos passados e presentes da arte, fazendo, por exemplo, um ready-made passar pelo equivalente moderno de um Rembrandt. Se quisermos desfazê-la, creio que será preciso distinguir três aspectos da desconstrução.

O primeiro consiste em detonar a relação tradicional que se tinha com a arte e a obra de arte. Quando Duchamp põe um mictório ou um porta-garrafas no museu, percebemos — é isso o divertido — que tais objetos se parecem estranhamente com uma escultura geométrica que poderia ter sido assinada por um artista contemporâneo. Trata-se de "fazer fiau" para a arte moderna, para as pessoas que visitam o museu e para o próprio museu. É uma forma de gag. Evidentemente, ninguém deveria ver beleza aí, embora tenha sido exposto em um local supostamente consagrado à beleza.

LUC FERRY — Eu sei que você anunciou "três pontos", mas gostaria de intervir imediatamente sobre este aí. Não é verdade que o mal-entendido exista desde o começo. Na pré-história da arte moderna, no século XIX, todos os grupinhos boêmios afáveis e charmosos inventaram o que Duchamp, Klein e Cage refariam mais tarde: monocromos, concertos de silêncio, *ready-made*. A diferença entre os primeiros grupos boêmios e a arte contemporânea, que vai se tornar pesada e pomposa, é que eles não se levavam a sério. Era humor, cujo papel filosófico era efetuar uma defasagem entre a vida burguesa e o cotidiano. Quando Alphonse Allais inventa a obra, cuja ideia eu acho maravilhosa, *Aquário de vidro fosco para peixe tímido*, depois que alguns de seus companheiros imaginaram *Balanços de parede para acalmar crianças turbulentas* ou *Pente para carecas*, todos compreendem que a intenção é provocar uma ruptura com a vida cotidiana e o mundo burguês, mas com humor, sem pretensão. Quando hoje, na Monumenta, vemos Boltanski nos expor uma grua em grau zero agarrando peças de roupas, explicando com ar sombrio que é a morte golpeando cegamente, ficamos sem saber se estão zombando

Sobre o espiritual na arte e na educação   219

de nós. O mal-entendido não existia no começo. Depois dos anos 1900, há um momento em que essa ruptura com a cotidianidade, que era humorística e alegre, torna-se pomposa e pretensiosa e ainda passa a ser subvencionada pelo Estado, além de ser — o que é o cúmulo — extraordinariamente cara, em um mercado de arte totalmente dominado pela lógica financeira.

CLAUDE CAPELIER — O que você diz não vai de encontro ao que eu descrevi. Em Duchamp há a vontade de conservar o mal-entendido que você mencionou: ele queria brincar, eu ousaria dizer, "com todos os quadros" ao mesmo tempo. O que dava força ao gesto é que ele se esforçava para manter a ambiguidade até o fim, ao contrário dos boêmios do século XIX, que deixavam cair a máscara assim que as pessoas riam com eles. Isto posto, uma vez entendido o procedimento, não vamos ficar cem anos contemplando o porta-garrafas. O efeito é de curto prazo, é básico: trata-se de fato de desconstrução.

O segundo aspecto da desconstrução é o procedimento que consiste em isolar um elemento da arte ou da vida cotidiana para colocar em evidência seu efeito bruto. O objetivo portanto não é a beleza, mas o efeito. Pode tomar formas muito diferentes, ligadas, por exemplo, ao aumento espetacular do tamanho dos objetos ou à vibração estranha de uma cor, como nos monocromos de Klein. Também nesse caso, contudo, não vou passar horas diante do quadro. Ele foi concebido de modo elementar, mas o interesse que suscita não é maior.

Essas duas primeiras tendências fazem parte da desconstrução, e seria má-fé de minha parte pretender que não são características da arte contemporânea.

Há contudo um terceiro elemento, e penso que é sobre ele que nós temos um desacordo. Estou convencido de que um certo número de artistas — você citou alguns, como Bartok e Stravinsky — estão em ruptura com a tradição, mas têm, além disso, a intenção e a genialidade de criar um mundo. Eles são com frequência extremamente críticos em relação à ideia de beleza, no sentido de que não querem seguir os cânones da beleza tradicional, mas procuram, manifestamente, criar uma nova forma de beleza. É o caso de alguns outros que você inclui entre os "desconstrutores" e que, como eu dizia ainda agora, me parecem maravilhosos "construtores".

Quando eu ouvi pela primeira vez Le Marteau sans maître, de Pierre Boulez, fiquei emocionado com a beleza da música. Se você ouve Boulez sem prevenção, na mesma hora consegue perceber a preciosidade das sonoridades: longe de ser a agressão sonora que muitos nos descrevem, é quase "puta" de tão plena de veludo e ouro. É cheia de instrumentos de sinos, de cordas pinçadas, há encadeamentos de acordes inacreditavelmente ricos; em suma, o conjunto soa maravilhosamente bem. Se você ouve na natureza sons de cascatas ou de sinos tilintando ao longe, você acha que tem um certo efeito e é esse charme sonoro imediato que encontramos na música de Boulez. É uma outra forma de beleza, que na mesma hora me pareceu muito sedutora. Além do mais, tem suingue, mas com uma variedade sem igual: como um malabarista que agarra bolas de trajetórias sempre diferentes.

Sobretudo, pela primeira vez na minha vida, eu escutava uma música que se desenvolvia com uma incrível inventividade, que chegava a fazer o efeito da relação que temos com o mundo e com a existência: lógicas e universos diferentes que se alternam e se entrecruzam, momentos de evidência e outros enigmáticos. É labiríntica e tem contudo a evidência de um relato vivido interiormente. Efeitos melódicos (eu às vezes a canto no chuveiro, devo ser o único maluco que faz isso) emergem dos elementos que proliferam, metarmofoseiam-se, combatem-se. É uma recreação intensificada da dramaturgia da vida tal como eu a conheço: há momentos muito evidentes, momentos em que a gente não sabe muito bem onde está indo e outros, intermediários, onde temos muitas maneiras de interpretar as coisas porque você pode escolher privilegiar um aspecto em vez de um outro, como se estivesse passeando em uma floresta. Então eu acho que isso cria um verdadeiro universo.

Sobre o espiritual na arte e na educação

Quando você ouve as cenas de Licht, a ópera de Stockhausen, ou mesmo quando lê os textos que ele escreveu sobre ela, é obrigado a admitir que seu projeto é tudo salvo desconstrutor: ele tenta representar a totalidade da vida humana — é ele quem o diz —, e mesmo do Cosmo, para além dessa humanidade. Ele tenta encontrar uma música que traduza isso. Evidentemente, cria um mundo, e isso eu acho que não se pode negar.

LUC FERRY — Pode sim. E se isso é um mundo, nele peço meu quarto separado. Eu ouvi "N" vezes esse famoso *Marteau* e acabo de ouvir de novo com mais atenção quatro outras "obras" de Boulez, a introdução de *Repons, Notations 11 "Scintillant", Sur incises* e *Pli selon pli* (só com os títulos, já nos imaginamos com Derrida em Yale, nos anos 1970...). Quando você fala, é magnífico, mas, quando ouço, eu não acho nada do que você achou. Tenho a impressão de que é uma música escrita sobre um libreto de Derrida, onde a "disso-nância" remete à "diferença". Tenho perfeita consciência de que por trás dessas composições há toneladas de teoria musical e reflexões sofisticadas, mas não funciona, pelo menos comigo. É aí que talvez nós tropeçamos, mas afinal não é muito grave, numa caracterís-tica essencial da arte, de uma banalidade por certo assustadora, mas mesmo assim incontornável: o gosto é e continuará sendo subje-tivo. Da mesma maneira, e sei que vou dizer uma coisa totalmente incorreta, que vou até perder alguns leitores: eu não gosto, nunca gostei de Picasso. Houellebecq teve mil vezes razão a meu ver ao ter a coragem de dizer que Picasso não tinha nenhum senso de cor, que seus quadros são desbotados e, para falar a verdade, francamente feios... Sei que é uma vaca sagrada — e eu não! —, mas não vejo em nome do quê deveria ser proibido dizer, em matéria de arte, o que se pensa. E não me venham dizer, como sempre nesse casos, que eu não "compreendo" Picasso ou Boulez. A "compreensão" não tem nada a ver, e de resto, considerando o tempo que eu trabalho, olho, ouço e reflito, não é essa a questão! Em compensação, nós concordamos, por exemplo, mais facilmente, a respeito de Kiefer.

CLAUDE CAPELIER — Fico espantado, para usar um outro exemplo no campo literário, quando ouço você incluir Joyce entre os desconstrutores, uma vez que o próprio projeto do Ulisses corresponde traço por traço à sua definição de revolução do amor: ao relatar como uma odisseia um dia do qual cada episódio desenvolve dimensões diferentes da existência e formas de expressão correspondentes, ele sacraliza pelo amor a vida cotidiana.

As obras que acabo de mencionar (eu poderia ter multiplicado os exemplos, com Paul Klee, Anselm Kiefer, Faulkner, Duras etc.) antecipam o que você descreve na sua filosofia do amor: elas têm qualquer coisa de mais aberto e mais amoroso do que tudo que nós conhecemos antes. Evidentemente, elas participam do movimento moderno de inovação e de ruptura, mas seus autores foram suficientemente geniais para fazer delas um mundo.

LUC FERRY — Se você vê nos grandes autores a mesma coisa que eu tento pensar na minha filosofia, fico encantado e honrado, ainda que eu considere Joyce muito enfadonho! O que acho verdadeiramente genial em Kundera e Roth é que além de tudo é um prazer lê-los. Contudo, não é literatura de sala de espera. A dificuldade das discussões sobre arte é que elas não podem ser feitas sem uma certa subjetividade, que, por definição, faz parte delas. Não posso discutir

Sobre o espiritual na arte e na educação 223

nesse nível, não vou lhe dizer que está errado em gostar de Boulez ou que eu tenho razão em não gostar dele. A discussão chega a um limite, e eu não vejo como nem de resto por que seria necessário ultrapassá-lo. Nós devemos tentar ir além, mas sobre um outro terreno que não seja o gosto.

CLAUDE CAPELIER — *Exatamente. Você mesmo reconhece que certos autores dessa corrente criaram um mundo. É isso que é importante. Alguns conseguiram criar um mundo no âmbito contemporâneo, no âmbito da desconstrução.*

LUC FERRY — É aí, apesar de tudo, a despeito da boa vontade de nós dois, que não concordamos em absoluto. Quando cito, a título de exemplo, Stravinsky e Bartok, ou ainda Kundera e Roth, de quem gosto muitíssimo, não acho de forma alguma que eles pertençam ao movimento de desconstrução. O que neles é genial, justamente, é que saíram dela antes dos outros, que já são "pós-desconstrucionistas". Stravinsky é nesse sentido bem mais "moderno" do que Boulez. É bonito, mas nem um pouco por ser "ainda" um pouco tradicional; ao contrário, é por ter ido muito mais longe. É essa a verdadeira genialidade. Eu acho que um certo número de grandes artistas e grandes escritores, nos anos 1940, 1950 e 1960, já inventou o mundo de depois da desconstrução. Nas artes plásticas, eu falaria de Bacon, de Nicolas de Stael, de Garouste, de Kiefer. Na música, eu falaria de Bartok, de Stravinsky e até da pequena *Sonata para piano* de Berg. São, no fundo, verdadeiros inventores da arte pós-desconstrucionista, da arte pós-moderna, e é isso que me interessa hoje. Não estou querendo dizer que tudo foi negativo nessa história. Digo simplesmente que a história que conhecemos no século XX foi *principalmente*

224   DO AMOR

a da desconstrução e da inovação, e que é preciso se perguntar sobre o que vem depois, no século XXI. Quando vamos finalmente reassociar a inovação e a beleza, a inovação e as grandes experiências humanas? É sobre isso que os autores que acabo de citar já nos deram uma ideia. De minha parte, é exatamente o que estou procurando no campo de uma filosofia que deve, também ela, se tornar finalmente pós-desconstrucionista.

CLAUDE CAPELIER — *Restam ainda duas ambiguidades que devíamos tentar dissipar. A primeira é que me parece difícil, do simples ponto de vista cronológico, colocar* A sagração da primavera, *composta em 1913, no período "pós-desconstrucionista". A mim pareceria mais justo dizer que Stravinsky soube construir um mundo a partir da dinâmica da desconstrução e da inovação, mas indo além. O que me leva ao segundo ponto: quando você diz que Stravinsky, Bartok, Kundera e Philip Roth abrem o caminho para uma arte "pós-desconstrucionista", é porque você considera de fato que eles integram as dimensões liberadas pelos modernos em uma perspectiva nova e mais profunda ou simplesmente porque se trata de artistas que conservaram no estilo e na forma certos modos de expressão ou de composição "à antiga"?*

LUC FERRY — A propósito de Stravinsky, eu tenho uma dúvida. Não tenho certeza de que uma cronologia seja necessariamente um bom juiz de paz. De resto, a música de Schönberg já estava lá, de modo que podemos nos situar em relação a ela para ir mais longe. Afinal, em outros áreas, houve gênios inacreditavelmente adiante de seu tempo. Quando Pico della Mirandola formulou os novos princípios da dignidade humana, em 1486, ele anunciou palavra por palavra o que

Sobre o espiritual na arte e na educação 225

Rousseau iria retomar em pleno século XVIII. Mais simplesmente: acho que *A sagração* já é a beleza moderna, infinitamente distante do século XIX, e contudo, ao contrário de Boulez e Stockhausen, é bonita, bonita de tirar o fôlego. Acredito que as dissonâncias de Boulez cheguem a produzir "efeitos" sobre o ouvinte, mas beleza... Francamente, você tem certeza de que é o termo adequado? Dirão que é uma observação bastante subjetiva, admito. Ainda assim, milhões de pessoas ouvem e tocam Bach no mundo, mas quantas ouvem Boulez? Algumas dezenas, algumas centenas no máximo, e na minha opinião deve haver um bom motivo — sendo que muitos o admiram sobretudo, e de resto com razão, como maestro bem mais do que como compositor. Enfim, mesmo em termos de cronologia, Stravinsky viveu até os anos 1970 — não? —, o que faz dele, apesar de tudo, nosso contemporâneo.

Pouco importam os detalhes. O que me interessa são os autores que inventaram uma arte decididamente nova, uma arte claramente de seu século, e entretanto bonita. Para retomar a tipologia que mencionei no início, creio que esses músicos, esses romancistas estão no "quinto princípio", a nova visão da humanidade que se abriu com a revolução do amor. Não estamos na desconstrução. Seja qual for a admiração que tenho por Nietzsche e Heidegger, acho que não estamos mais, filosoficamente falando, em Nietzsche e Heidegger, menos ainda em Kant e Voltaire. Os artistas de que falo aqui, embora contemporâneos do século da desconstrução, já estão na época seguinte, a do segundo humanismo.

É isso que eu gostaria de dizer, pois é o ponto essencial revelado por uma descrição atenta e refletida das relações que as obras de que falamos mantêm com a nossa visão da existência. Se eu pudesse, com a revolução do amor e a minha filosofia, ser ao menos um pouquinho o equivalente de Kundera e Roth, teria alcançado meu objetivo. Evidentemente, é o que eu me esforço para fazer, em meu modestíssimo nível.

A arte sempre foi a implementação, em material sensível, de uma grande representação do mundo: é a definição que propunha Hegel, e eu a acho correta. A arte grega, por exemplo, é a cosmologia encarnada na pedra, na estatuária: a harmonia dos rostos, a proporção dos corpos e dos templos são um reflexo sensível da ideia de Cosmo. É a harmonia cósmica encarnada no material. A arte é a encarnação de grandes ideias e grandes valores em um material sensível, que pode ser a pedra do escultor ou do arquiteto, a vibração sonora do compositor, a cor ou o desenho do pintor etc. É o que dá superioridade à arte em relação à filosofia: ela diz a mesma coisa que a filosofia, mas diz de uma maneira — estritamente falando — enternecedora, emocionante, sensível: o que, evidentemente, a argumentação conceitual filosófica não pode fazer.

Assim como, filosoficamente falando, houve cinco grandes visões de mundo, entramos hoje na quinta era da história da arte, que, na literatura, me parece já encarnada por autores como Philip Roth e Milan Kundera. O que a desconstrução permitiu, é verdade e concordo totalmente com você, foi a representação das novas dimensões do humano. Assim, como eu disse, Roth e Kundera falam de velhice, sexo e amor de uma maneira muito diferente de Balzac e Stendhal. Não é a mesma época. Eles retomam elementos antigos que me agradam por haver uma intriga, uma história e personagens, mas

Sobre o espiritual na arte e na educação

não é por isso que me fascinam: gosto do fato de me fazerem perceber, e por vezes até descobrir, perspectivas inéditas das dimensões da vida humana que se tornaram o próprio tecido de nossas existências, que os romancistas do século XIX ignoravam. Quando Philip Roth fala de seus problemas de saúde, das dificuldades de fazer amor, de sua impotência, de seu câncer, mas também do politicamente correto americano, do feminismo etc., está mostrando como ninguém a verdade do humano "desconstruído": o humano não é mais idealizado, racionalizado, visto como uma consciência clara. É o humano de hoje, com suas grandezas e suas verdadeiras misérias, com as experiências ligadas a uma certa época, oferecendo uma paleta absolutamente nova. Isso só foi possível, você tem razão, depois do século da desconstrução geral, que liberou, como dissemos, o inconsciente, o sexo, a incoerência, o irracional e suas consequências. Eis o que eu considero verdadeiramente novo nesses autores: com eles, não estamos mais no primeiro humanismo da razão e do direito nem na pura desconstrução, mas em uma abordagem realmente mais ampla e mais profunda do humano. É o que me agrada e que eu descubro também, *mutatis mutandis*, no *Concerto para mão esquerda* de Ravel, bem como nos concertos para violino de Bartok, ou mesmo, ainda que date de 1913, na *Sagração da primavera*. Não é uma questão de cronologia estrita.

E o que você falou, para além dos exemplos, mostra que nossos pontos de vista são afinal próximos. A questão é saber se saímos de uma arte da desconstrução, de uma arte da inovação pela inovação, para entrar em uma arte que traduza diferentemente as grandes experiências humanas, de uma humanidade ampliada, mais rica,

228   DO AMOR

mais diversa e mais afetiva, na qual mais elementos humanos sejam
levados em conta.

**A arte popular moderna ensejou,
como nenhuma outra na História,
a difusão de uma sensibilidade nova
que é parte da revolução do amor**

Não falamos até aqui senão da "grande arte", da música erudita
e das artes plásticas. Mas não se deve subestimar o fato de que, no
século XX, formas de expressão novas vão se desenvolver na música
popular. Justamente, o que às vezes também me agrada na tradição
do rock (agora se pode falar de tradição a propósito do rock) é o
fato de ele expor novos aspectos da subjetividade. Pode-se dizer que
é muito elementar, que não é tão sofisticado quanto a música erudita, mas, afinal, no que diz respeito ao corpo, ao sexo, à sedução,
à maneira como se mexe o corpo ao dançar, essa música inventou
muito. Não existe somente a dança "erudita" e nobre, a de Béjart
e Pina Bausch, existem também todas as formas de dança que foram
liberadas e que não se parecem com a valsa de Sissi nem com a
dança regional auvérnia. A maneira como nós começamos a dançar,
a nos mexer nos anos 1960, com músicas que tinham um quê de
muito sensual, está infinitamente distante da maneira como se
dançava na época de Luís XV ou na corte vienense do século XIX.
Tais dimensões do humano, doravante no cerne da vida coletiva,
e que, no passado, eram rigidamente controladas por convenções
ou relegadas às alcovas, foram incorporadas pelo jazz e pelo rock
bem mais do que pela música erudita. E posso dizer que, em termos

Sobre o espiritual na arte e na educação   229

de provocação, tenho admiração imensuravelmente maior pelos Beatles, por Ray Charles e mesmo por algumas músicas dos Stones do que por Boulez. Reconheço-me neles infinitamente mais.

CLAUDE CAPELIER — *Tenho grande admiração pelos Beatles e ao mesmo tempo acho Boulez um dos maiores compositores de todos os tempos, não é incompatível! É, aliás, um traço próprio de nossa época, consequência direta da valorização de dimensões mais variadas da existência: é cada vez maior o número de pessoas abertas sem reticências a toda espécie de música, de espetáculo, expressão artística, das mais sofisticadas às mais básicas. Claro, não tocamos, não ouvimos Stockhausen como quem toca ou ouve um sucesso de Michael Jackson, mas é justamente essa variedade de experiências que faz com que tenhamos vontade de fazer as duas coisas. Podemos gostar de Schönberg e de Rihanna, não porque confundimos tudo e colocamos os dois em pé de igualdade, mas, ao contrário, porque nos dão prazeres totalmente diferentes. O que também mudou, no rastro da desconstrução e da revolução do amor, é que tudo que foi liberado tem a ver com disposições tão consubstanciais ao humano que pode ser encontrado em toda a parte, tanto nas artes mais eruditas quanto nas expressões mais comezinhas: a partir de agora, os objetos e os temas são os mesmos, só que tratados segundo perspectivas mais ou menos elaboradas e profundas. É particularmente evidente na música: as músicas atuais trabalham muito com o efeito físico do som, e a música contemporânea erudita também, mas as primeiras têm tendência a se contentar com isso, enquanto que a segunda acrescenta numerosos outros estratos. O ponto em comum acarreta outros: a interpretação de músicas antigas foi profundamente marcada não apenas por Stravinsky como também pelo rock e pelo jazz. Hoje, os maestros que regem orquestras totalmente tradicionais tendem, por sua vez, a acelerar os andamentos, a fazer acentuações muito mais marcadas e muito mais dançantes do que antes. O efeito físico da música tornou-se para nós muito importante. Essa também é a revolução do amor.*

LUC FERRY — Não estou nem um pouco pessimista a respeito do que está acontecendo ou sobre o futuro. Acho simplesmente que houve uma espécie de terrorismo da desconstrução, notadamente nos anos 1950, 1960 e 1970, que freou numerosos escritores e artistas. Eles se sentiram absolutamente obrigados a fazer a qualquer preço dissonância e diferença, quadros brancos e concertos de silêncio. Mas tudo isso terminou e creio que a revolução do amor tem agora seus artistas e romancistas de gênio capazes de dar forma a dimensões até então esquecidas da existência e de contribuir para nos fazer descobrir a beleza e o sentido que elas têm em nossas vidas.

Conclusão

A morte, única objeção?
O amor, uma utopia?

À guisa de conclusão, preciso responder a duas perguntas que me fazem com tanta frequência que elas me parecem, como se diz, "inevitáveis". Então não podemos evitá-las!

A primeira é tão simples de fazer quanto difícil, até impossível, de responder: se o amor é o que dá sentido a nossas vidas, o que fazer da morte, que lhe põe um ponto final? O que adianta amar se tudo tem de terminar um dia, sem esperança de retorno? Como não ver que aquilo que pretende dar sentido é, nessas condições, totalmente destituído de sentido?

A segunda é igualmente temível aos olhos de uma filosofia do amor: ao afirmar que o amor, através das evoluções e revoluções da família moderna, tornou-se um novo princípio de sentido, não estou sendo excessivamente otimista, até mesmo de uma insondável ingenuidade? Não é evidente que paixões mais funestas são as que hoje conduzem o mundo: a avidez, a cupidez, o ódio, a inveja e, para

232   DO AMOR

coroar o conjunto, um egoísmo individualista feroz que nunca teria sido tão violento e arrogante como em nossos dias? A ideia de uma "política do amor" não é, em suma, um pouco ridícula, haja vista a dureza das realidades sociais e políticas atuais?

A contradição do amor e da morte

Que, entre o amor e a morte, existe uma contradição insuportável, é o que a humanidade sabe desde sempre. O primeiro livro escrito na história dos homens, *A epopeia de Gilgamesh*, redigido no século XVIII a.C. em língua suméria, já testemunhava: é esse tema, e nenhum outro, que está no cerne de sua intriga. Discorri longamente sobre isso em *A revolução do amor*. Então não tornarei a falar aqui, a não ser para sublinhar que a condição do homem moderno acentuou ainda mais a contradição, de modo que a primeira pergunta, embora colocada *sub specie aeternitates*, é hoje provavelmente mais crucial do que nunca. Vimos, com efeito, como o casamento por amor nasceu de um desprendimento dos indivíduos em relação a suas pequenas comunidades ao mesmo tempo religiosas e camponesas, onde eles eram casados senão à força, ao menos sem que fosse cogitado pedir-lhes sua opinião. Expliquei igualmente como esse desprendimento foi ao mesmo tempo resultado do assalariamento e condição do casamento por amor. Mas o afastamento do vilarejo, a partida para a cidade grande e as fábricas, onde o assalariamento vai conferir aos indivíduos, sobretudo às mulheres, uma autonomia financeira, lhes permitirá casar-se, em vez de ser casados. Ele é, pois, também, um distanciamento adotado em relação ao peso das religiões, por isso mesmo resultando no advento da laicidade,

Conclusão   233

do ateísmo e da secularização do mundo. De sorte que, ao término (provisório) desse percurso, o indivíduo moderno encontra-se *simultaneamente protegido dos sofrimentos do luto e mais exposto do que nunca a seus tormentos.*

Em outras palavras, mas que dão no mesmo, somos hoje mais amorosos do que nunca, ligados mais do que nunca aos que amamos, a nossos filhos e nossas famílias, e em um mesmo movimento, menos do que nunca protegidos dos lutos pelas grandes redes de segurança das grandes religiões, simplesmente porque somos menos crentes do que fomos no passado. Muitas pessoas que se dizem cristãs não creem mais verdadeiramente na ressurreição dos mortos, nas promessas de reencontros com os que amam nesta vida. Daí a presença de uma dimensão incontestavelmente trágica na condição do homem moderno. Daí também o fato de o tema da morte — por exemplo, sob a forma do acompanhamento dos moribundos ou ainda do direito de morrer com dignidade, da eutanásia e do suicídio assistido — estar sempre voltando ao primeiro plano nos debates que agitam as sociedades laicas.

A verdade é que, diante da contradição entre o amor, que leva à ligação, e a morte, que é separação insuportável porque irremediável, não existem na tradição das grandes espiritualidades laicas ou religiosas senão duas abordagens, todas duas bem pouco satisfatórias a meu ver. Primeiro a abordagem dos filósofos, que desde os estoicos e os epicuristas até Schopenhauer, passando pelos pensadores budistas, esforçam-se sem sucesso, ao que me parece, para demonstrar que "a morte não é nada para o sábio", para aquele que exerceu suficientemente o espírito para entender que ela não é suficientemente aterradora aos olhos de realidades superiores, tais

234 DO AMOR

como o Cosmo ou a vida universal. A segunda abordagem é a das religiões, em especial do cristianismo, que, não acreditando sequer um segundo nos benefícios da filosofia, propõe por sua vez uma "verdadeira solução": não fingir não ter medo da morte de quem se ama, mas acreditar na promessa do reencontro posterior, em uma vida futura.

A primeira abordagem não me convence. Quanto à segunda, seu principal inconveniente, considerável, é que é preciso ter fé para poder aderir a ela.

Que o fracasso das filosofias
da morte é patente...

Com efeito, parece-me — também expliquei a razão detalhadamente em *A revolução do amor* — que nenhuma das grandes filosofias, por mais admiráveis que sejam, responde verdadeiramente à questão colocada. Tentam apenas "afogar o peixe", contornar a dificuldade persuadindo-nos de que somos loucos por nos queixarmos de uma acontecimento necessário e de resto sem importância, uma vez que não envolve senão nossa ínfima pessoa. O problema é que a ínfima pessoa em questão é a única que habitamos, a única diretamente envolvida no amor assim como na morte. Explicam-nos que, do ponto de vista da vida universal, da espécie ou do Cosmo, nossa miserável individualidade não tem senão um interesse muito limitado. Mas, refletindo, compreendemos bem depressa que nossas representações da vida em geral, da espécie ou do Cosmo, em nome das quais querem eclipsar nosso patético "cuidado de si", são apenas abstrações vazias: não vemos por que a pseudorrealidade delas, tão universal quanto abstrata, deveria suplantar a realidade da

Conclusão

consciência individual, particular e concreta, que sofre, ama e morre — de sorte que as promessas que nos fazem em nome daquelas representações acabam não valendo muita coisa.

O cúmulo, no gênero perfeitamente lógico e totalmente não convincente, foi provavelmente alcançado, como vimos, na argumentação de Epicuro, e duvido que ele tenha conseguido convencer um único ser humano da Terra: "A morte", declarava ele aos discípulos, "nada é para nós, pois enquanto nós estamos aqui, a morte não está, e quando ela está, nós é que não estamos mais aqui. Portanto, ela não tem relação com os vivos nem com os mortos, uma vez que não está para os primeiros e os segundos não estão mais." CQD!

Como diz magnificamente La Rochefoucauld, em uma passagem citada por meu amigo Denis Moreau no seu belo livro *Les Voies du salut* [Os caminhos da salvação] (Bayard, 2010), feliz por ver finalmente, ele que é um pensador cristão, as "falsas respostas" da filosofia desqualificadas de maneira tão clara:

> "Nada prova mais o quanto a morte é temível do que a dificuldade que os filósofos têm para convencer que se deve desprezá-la... É razoável dizer algo a respeito da falsidade do desprezo da morte. Ouço falar do desprezo da morte que os pagãos se vangloriam de conseguir com suas próprias forças... E tanto os homens mais fracos quanto os heróis deram mil exemplos célebres para estabelecer tal opinião. Contudo, duvido que alguém de bom senso tenha alguma vez acreditado. A dificuldade que temos para persuadir os outros e a nós mesmos deixa transparecer que não é uma tarefa fácil."

No fundo, compartilho da confissão de Derrida, que vai no mesmo sentido que La Rochefoucauld, confissão ainda mais

236 DO AMOR

emocionante pelo fato de, na época em que expõe suas ideias em uma entrevista concedida a *Monde*, estar lutando com o câncer que iria levá-lo alguns meses depois:

> "Aprender a viver deveria significar aprender a morrer, a levar em conta, para aceitar, a mortalidade absoluta (sem salvação, sem ressurreição nem redenção, nem para si nem para os outros). Desde Platão, é a velha injunção filosófica: filosofar é aprender a morrer. Acredito nessa verdade, submeto-me a ela cada vez menos. Não aprendi a aceitar a morte [...] Continuo ineducável quanto à sabedoria do saber morrer. Não aprendi nem incorporei nada a respeito."

Daí, evidentemente, a tentação da religião.

A tentação religiosa

Pois, por contraste, é preciso reconhecer que as grandes religiões, e especialmente a religião cristã, têm ao menos o mérito de enfrentar a questão colocada, de não se esquivar nem adotar artifícios. Elas trazem uma solução à altura. Sem hesitar, o cristianismo nos promete especificamente o que queremos ouvir: a ressurreição das almas e dos corpos, e para coroar o conjunto, assegura-nos que poderemos reencontrar após a morte, em uma outra vida, os que nós amamos nesta aqui. Como resistir? Para sair do medo, para enfim fazer "morrer a morte propriamente dita" e assim permitir aos humanos amar sem temor e sem precaução, é preciso, como os crentes compreenderam perfeitamente e como expôs Denis Moreau de maneira absolutamente rigorosa, que quatro condições sejam reunidas: "Que a morte não seja o termo; que haja uma

Conclusão   237

persistência da identidade pessoal após a morte; que haja uma relativa heterogeneidade entre a forma de ser que conhecemos atualmente e a adotada após a morte; que seja permitido esperar que essa continuação *post-mortem* se realize em condições relativamente felizes, ou mesmo muito felizes."

Em outras palavras, só estaremos plenamente serenos e confiantes se tivermos a certeza de que uma outra vida nos espera após nosso desaparecimento, uma vida na qual continuaremos a ser nós mesmos, verdadeiras pessoas individuais, com nossas almas e corpos singulares. Bem entendido, é preciso que essa nova vida seja um pouco diferente da antiga, mas sobretudo é preciso que ela seja mais feliz, muito mais feliz, uma vez que, nela, a morte não terá mais lugar e o amor reinará absoluto. Assombrosa coincidência: é isso, justamente, o que Cristo promete aos que aceitam segui-lo. E evidentemente é fácil de se conceber, a promessa de ressurreição pessoal perturba concretamente a atitude existencial do cristão. Permitam-me mais uma vez citar Moreau: "A existência do crente é uma existência caracterizada pela fé na ressurreição de Cristo e pela esperança da própria ressurreição. Se levarmos a sério essa fé e essa esperança, elas não são algo que se pode ter paralelamente a outras ideias, a título de ornamento ou de consolo para a vida; elas determinam o ser total do cristão e o colocam em uma relação específica com o mundo que modifica seu ser no mundo."

Nessa perspectiva, com efeito, a filosofia ajuda pouco. Só a religião nos fornece a verdadeira salvação, que reside obviamente na própria "morte da morte", e não somente em uma pretensa e falaciosa vitória sobre o medo que ela suscita. A principal dificuldade — mas não é absolutamente a única, eu voltarei a isso —

é que é preciso acreditar, ter a fé, a confiança — fides — inabalável na palavra de Jesus, na promessa da "boa-nova" (evangelho), da ressurreição dos corpos e dos reencontros.

Cada um que decida... Mas se não acreditamos, e se a filosofia só nos serve — sobre esse ponto preciso, evidentemente, e não sobre todos os outros — de pouco consolo, como pensar a contradição entre o amor e a morte?

Uma outra abordagem da questão:
sentido "na" vida contra sentido "da" vida

Não pretendo deter "a" solução, seria bem arrogante, e decerto muito acima das minhas forças. Diante do luto daqueles que amo, não me sinto mais armado do que Derrida diante da própria morte. Provavelmente até menos: nossa morte pode decerto nos angustiar, nos assustar por vezes, mas diante da morte dos outros, sobretudo a de nossos filhos, a dor pode simplesmente nos submergir, nos arrasar, e o sentimento de falta de sentido absoluto desarmar em um piscar de olhos as argumentações mais sofisticadas. Eu seria o último a negar, o último a pretender me elevar acima do comum dos mortais.

O que digo a mim mesmo, o que digo aos meus amigos que vejo sofrendo, é que nem por isso o amor não merece ser vivido. Muito ao contrário, ele vale ainda mais a pena, ou melhor, a alegria. Todas as histórias têm um fim, disso não se pode duvidar. Por causa disso renunciaríamos a elas? Não ler mais um livro porque um dia vamos chegar à última página, não ouvir mais um coral de Bach porque a última nota logo soará, não ver mais um filme porque *The End* aparece na última imagem? Não é apenas por não ter fé que não posso

Conclusão

aderir à mensagem cristã, é que ela sempre me parece inclinada a fazer da vida humana, desta aqui, um simples prelúdio para o além, uma penosa propedêutica de uma outra vida, mais plena, mais serena, mais feliz. Se é verdade, muito bem, mas se não passar de uma ilusão, se na realidade existir apenas uma e única existência, a que nós conhecemos na Terra, o risco é grande de sermos não salvos pela eternidade, mas de termos sido indiscutivelmente enganados para sempre. Sob esse aspecto, a famosa afirmação de Pascal não é, a meu ver, mais convincente do que a argumentação de Epicuro.

É aí que a diferença entre sentido "da" vida e sentido "na" vida me parece pertinente. A vida — salvo de um ponto de vista religioso, porque imaginamos poder nos situar por assim dizer "do exterior", do ponto de vista "do além" — não tem provavelmente nenhum sentido. Mas nem por isso, como o romance, como o coral de Bach, se a consideramos sob o ângulo da relação direta que temos com ela, é menos cheia de sentido, de valor. E seríamos loucos de nos privar deles pelo fato de que se perderão um dia.

Eis porque, diante do luto de um ser amado, luto cuja experiência todos fazemos um dia ou outro, eu digo a mim que, enquanto restar neste mundo alguém para amar, enquanto o amor, o amor real ou mesmo apenas possível, subsistir nesta vida, ela ainda vale a pena ser vivida. Às vezes, diante de um luto ou mesmo diante de uma separação, quando o ser amado nos deixa de uma maneira ou de outra, acreditamos que está tudo acabado, que a catástrofe absoluta, total, a que pressentíamos e temíamos desde sempre, enfim aconteceu e vai nos aniquilar. Dois ou três anos depois, às vezes menos, percebemos que era falso, que restam coisas a viver, seres a amar.

Que não se pense que peco aqui por otimismo ou superficialidade: sei que na vida de um ser humano também pode acontecer de não haver de verdade quase mais nada a esperar. Mas é raro. A maior parte do tempo, um amor retorna, um outro ainda está presente, do lado, e se há uma sentença a guardar do cristianismo, é justamente esta, de uma profundidade abissal e tão raramente compreendida: é preciso "deixar os mortos enterrar os mortos". Mas supõe, e por isso passo à segunda questão, sabermos construir da melhor maneira que pudermos, nesta vida, do meu ponto de vista a única que nos foi concedida, uma verdadeira sabedoria do amor. No plano pessoal, obviamente, a questão moral, a do simples respeito pelo outro, cede lugar a uma miríade de questões que dizem respeito ao que se pode chamar, no sentido que eu mencionei, de vida espiritual. E aí que, também a meu ver, a filosofia, mesmo que não consiga melhor do que as religiões declarar realmente a morte à morte, conserva uma finalidade insubstituível: como viver o dia a dia com os que amamos sabendo que, desde que um ser nasceu, ele é suficientemente velho para morrer? Como torná-los tão felizes quanto possível? Como evitar ou resolver os conflitos? Como, nós falamos sobre isso, educar os filhos? Qual é a dose de transparência necessária para um casal? Como transformar o amor-paixão que dura pouco em uma ternura e uma amizade amorosa mais duradouras?

É também no plano coletivo que a sabedoria do amor deve encontrar seu lugar. Como fazer viver juntos seres humanos que, como eu já disse, são mais seres de paixão do que seres de interesse? Que lugar a fraternidade e a simpatia, derivas coletivas do amor, podem ocupar no espaço público? E o espaço público não é, ao contrário do que eu disse aqui mesmo, situando-me do lado dos

Conclusão 241

ingênuos, o lugar das mais funestas paixões, muito mais do que um mundo onde há espaço para o amor?

Moral e política do amor: em direção a um novo imperativo categórico

Há quem ache, com efeito, que nossas sociedades nunca foram tão desiguais, "individualistas" e pouco preocupadas com os fracos quanto hoje. A cada dia, novas vozes se elevam para condená-las: "Vejam os bônus dos *traders*, os lucros dos bancos, as expulsões de imigrantes, o racismo e a xenofobia, a arrogância dos ricos diante da miséria dos desempregados. Igualdade, fraternidade, pois sim! Precisamos é de mudança de rumo, de uma revolução que aniquile a ordem atual." Aplausos garantidos nos bancos da Assembleia, do lado esquerdo do semicírculo.

Salvo que esse discurso baseia-se inteiramente em uma análise histórica e factualmente falsa, para não dizer absurda. Ao contrário dos clichês habituais, repetidos sem reflexão, sobre o fato de nossas sociedades estarem minadas pelo "individualismo" — termo que é confundido então com uma vaga noção de egoísmo —, a verdade é que nossas sociedades nunca estiveram tão preocupadas com pessoas, mais ligadas a seus direitos e seu bem-estar quanto nossas velhas democracias. Em nenhum lugar e em nenhuma outra época, eu insisto, foi maior a preocupação com o outro. Desafio qualquer pessoa a provar o contrário, a mostrar um único exemplo de sociedade real, seja na história ou na geografia, que tenha, em meio ou não a crise, protegido mais, não apenas seus cidadãos, mas também os estrangeiros, mesmo que estejam em situação irregular (lembro, *en passant*, que a lei obriga nossas escolas a escolarizar todas as crianças estrangeiras, seja qual for a situação, legal ou ilegal, dos pais), que tenha desenvolvido um Estado-providência mais poderoso e eficaz do que este do qual todos nós nos beneficiamos desde o nascimento.

Que seja insuficiente — mas não é sempre, por definição, nesses casos? —, e que as desigualdades se aprofundam em período de crise, quem contestaria? Mas já se fez melhor antes ou em outro lugar? Que me digam! Como escreveu com muita justeza André Comte-Sponville em *Le Goût de vivre* [O gosto de viver]: "Alguns esperam que, com a crise, 'vamos voltar a um pouco mais de generosidade, um pouco menos de egoísmo'. É que não entendem nada de economia nem de humanidade. Voltar? Mas a quê, céus, ou a quando? Vocês acreditam que a sociedade do século XIX era mais generosa ou menos egoísta do que a nossa? Releiam Balzac e Zola! E no século XIII? Releiam Pascal, La Rochefoucauld, Molière! Na Idade Média? Releiam os historiadores! Na Antiguidade? Releiam Tácito, Suetônio, Lucrécio! O egoísmo não é uma ideia nova." Não se poderia dizer melhor. Que seja necessário recorrer ao ideal para criticar o real, ao direito natural para contrapô-lo ao direito positivo, é evidente. Mas é necessário indicar de qual real está se falando, e em qual ideal está se baseando. Pois, no caso, apesar de todos os defeitos que quiserem lhe apontar, o real de nossos Estados-providência é simplesmente o mais ameno, o mais humano, o mais protetor que se conheceu na história humana. Quanto ao ideal em nome do qual se denunciam seus malefícios, permitam-me duvidar ainda e sempre que a renovação delirante do maoismo ou do trotskismo, doutrinas que invariavelmente engendraram as piores catástrofes humanas em

Conclusão

toda a parte onde foram impostas aos povos, tenha hoje condição de fazer melhor do que essa combinação admirável de liberdade e bem-estar que nossas repúblicas democráticas conseguiram assegurar para nós. Apesar do que dizem a torto e a direito, o nível de vida é hoje na França, na média, três vezes mais elevado do que no tempo da minha infância. Basta ir à África, à Índia, à China, até à América Latina para avaliar a que ponto, apesar de todas as críticas que podem ser legitimamente formuladas, nossas democracias são incrivelmente privilegiadas em termos de proteção jurídica e social. Embora seja difícil de admitir pelos que — e são numerosos — se comprazem no ressentimento e no espírito negativo, nosso mundo é mil vezes menos rude do que no passado. Despejam em nossos ouvidos a angústia dos jovens, mas não é essa torrente que torna os lugares-comuns mais verdadeiros. Era mais fácil ter 20 anos em 1914, na Alemanha dos anos 1930 ou então nos anos 1950, quando era preciso ir para a Argélia? A última guerra mundial fez mais de cinquenta milhões de mortos, ou seja, uma soma de desgraça para todas as famílias quase inimaginável hoje em dia. A geração do *baby-boom* terá sido a primeira na nossa história moderna a não conhecer a guerra. Não é um imenso progresso?

Eu não vejo, portanto, por que seria ingênuo pensar e escrever que, sim, é inegável, nossas sociedades europeias foram as primeiras a conseguir que os sentimentos de fraternidade e de simpatia (que não são senão derivas do princípio do amor na esfera coletiva) encarnem-se na realidade, adquiram forma institucional dentro de um Estado-providência. Situação que os séculos passados não tinham sequer ideia e que o restante do mundo inveja — como provam, aliás, os movimentos migratórios, que vão invariavelmente do sul para o norte, e não o inverso. Se nossas sociedades estão hoje, como alguns "indignados" afirmam sem refletir, ameaçadas de regressão, não é em absoluto por serem dirigidas por liberais loucos cujo projeto tão inconfessado quanto inconfessável seria dar fim aos serviços públicos e à proteção social. É, sim, porque os Brics, os recém-chegados, a começar pela China, fazem pesar sobre nossas economias o triplo *dumping* — social, econômico e monetário — de que eu falei anteriormente.

Daí também nada ter de cômico nem de absurdo o fato de pensar a ação moral e mesmo a ação política em termos de amor. Para isso, basta adotar uma nova fórmula do que Kant chamava de imperativo categórico.

Explico.

Um novo imperativo categórico:
"Aja de maneira a desejar ver
as decisões que você toma se aplicarem
também aos seres que mais ama"
É o que eu chamei, em *A sabedoria dos modernos* (com Andre Comte-Sponville, Martins Fontes, 1999), de "política do amor". Empreguei a fórmula diante de André Comte-Sponville, que, como herdeiro de Marx e de Hobbes, defendia, como mencionei há pouco, a ideia de uma política de interesses. Eu penso, ao contrário de Marx e de Hobbes, que os políticos ganhariam se refletissem mais em termos de simpatia e fraternidade.

Nessa perspectiva, a fórmula de um novo imperativo categórico poderia ser aproximadamente a seguinte: "Aja de maneira

Conclusão 245

a que a máxima de sua ação possa ser aplicada aos que você mais ama." Parece-me, refletindo bem, que se nos conformássemos a essa máxima, trataríamos os estrangeiros ou os desempregados de uma forma diferente. Imaginemos que sejam nossos filhos... "Aja de maneira a que a máxima de sua ação possa ser universalizada para todos os que você ama", não como lei da Natureza à maneira de Kant, mas como lei do Amor. Se examinássemos todas as decisões políticas sob essa óptica, o critério de seleção poderia dar resultados muito diferentes dos que são escolhidos habitualmente. Tanto mais que tal imperativo traz em si, inevitavelmente, uma exigência absoluta de equidade. Quando se vê um ex-primeiro-ministro mudar o aluguel de seu filho com um traço de caneta, porque ele tem um poder sobre os apartamentos da Municipalidade de Paris, eu não lhe atiro uma pedra, mas pergunto simplesmente: e os outros? Digo com toda sinceridade: eu empreendi reformas em matéria de educação quando era ministro (divisão das classes do ensino fundamental, classes em alternância colégio/empresa, operação *Envie d'agir* [Vontade de agir], que visava a ajudar os jovens a realizar e valorizar projetos generosos de engajamento como uma espécie de antecipação do serviço cívico que criei depois do ministério). Todas elas, como já sugeri, foram concebidas em função de um critério muito claro para mim: se tal reforma devesse ser aplicada a meus próprios filhos, minha decisão seria executá-la ou não? Não significa que eu estivesse fazendo reformas para eles, evidentemente, mas que o elo entre o coletivo e o privado não estava perdido. Não se trata mais, como queria Kant, de agir "de tal maneira que a máxima de sua ação possa ser erigida em lei universal da natureza", mas "de tal maneira que as decisões que você tomar sejam as que gostaria

246   DO AMOR

de ver aplicadas aos seres que você mais ama". É a meu ver uma bússola excepcional, a melhor que existe em política.

É utópico? Talvez, mas essa utopia, ao contrário das que eram aplaudidas em Maio de 68, que ensanguentavam o mundo, é uma utopia exclusivamente construtiva e, por construção, não mortífera.

Vamos mais longe. Eu diria que, nessa nova fórmula de imperativo categórico, a do segundo humanismo, este último está tão longe do primeiro quanto a palavra de Jesus no Sermão da Montanha (Mateus 5:18) estava longe do Decálogo e da ortodoxia legalista de seu tempo. Quando ele diz que veio "não para abolir a Lei, mas para cumpri-la", é claramente à lógica do amor que está fazendo alusão. Sugiro o paralelo — mantida a total reverência, é óbvio — porque se trata, tanto em um caso quanto no outro, de uma evolução da Lei na direção do amor, da passagem de um imperativo categórico puramente legal a um imperativo categórico ligado ao sentimento de fraternidade e simpatia.

Hegel dedicou páginas realmente sublimes a essa evolução em um pequeno ensaio de juventude, infelizmente de dificuldade assustadora, intitulado *O espírito do cristianismo e seu destino*. Embora sua interpretação do judaísmo seja redutora e falsa, ele nos oferece, em compensação, um comentário magistral do Sermão da Montanha, em especial da declaração de Jesus que acabo de citar, dirigida aos judeus ortodoxos, fariseus e saduceus: "Eu não vim para abolir [a Lei], mas para completá-[la] [...]. Pois eu lhes digo, se sua justiça não ultrapassar a dos escribas e dos fariseus, vocês não entrarão no reino dos céus." É essa declaração de Cristo que Hegel também contrapõe ao judaísmo e ao kantismo: enquanto na moral judaico-kantiana a Lei é imposta de cima para baixo às inclinações naturais,

Conclusão

às propensões egoístas, como um imperativo transcendente, no cristianismo é o amor que, de alguma maneira, de baixo para cima, vai realizar o cumprimento ou, eu ousaria dizer, a "plenitude" (em grego *pleroma*) da Lei: não há necessidade de um "você deve!", de um mandamento imperativo nem um dever vindo do alto para uma mãe compreender que é preciso dar o seio ao filho que tem fome. Portanto, não se trata de abolir a Lei, mas de "preenchê-la", preenchendo-a com o amor, suprimindo seu caráter imperativo. A forma da Lei desaparece, mas a exigência que ela comporta subsiste: eis o que Jesus quer dizer. Assim, o amor ultrapassa a cisão entre o particular e o universal, entre a natureza e o espírito. É nesse sentido que Jesus, no Sermão da Montanha, retoma um por um os mandamentos do Décalogo — ele diz explicitamente que não mudará nem uma letra, nem uma vírgula. Mas quer justamente mostrar, sob a forma de mandamentos e imperativos, que, se não forem cumpridos por amor, não têm nenhum valor: "A um mandamento como 'não matarás' Jesus opõe uma virtude, uma disposição de amor que não só torna supérfluo o mandamento quanto a seu conteúdo, como também suprime o mandamento quanto a sua forma", escreve Hegel. Em suma, o amor torna a Lei supérflua enquanto lei, não por recusar sua mensagem, mas, ao contrário, por a encarnar sem que seja necessário fazer dela um imperativo categórico transcendente. Com o cristianismo, a religião da cisão e da desgraça é, pois, superada.

No mesmo sentido, eu diria que o primeiro humanismo foi um humanismo da Lei e da razão. Foi o do Iluminismo dos direitos do homem, dos republicanos franceses e de Kant. O segundo é um humanismo da fraternidade e da simpatia. Levado a sério, toda a perspectiva se altera. Ele rende uma homenagem laica e secularizada à mensagem de Jesus, é um eco ao fato de, na época em que Jesus a difundiu, a mensagem ter ressoado como um raio em céu sereno, como uma utopia radical. Embora o segundo humanismo seja laico e secularizado, ou melhor, justamente porque ele o é, e porque a secularização permitiu às múltiplas dimensões do humano se desenvolverem, ele é doravante a única visão de mundo sustentada por uma utopia que, talvez pela primeira vez, não germina novas catástrofes. Pois o ideal que ela visa não é mais o de Nação nem o da Revolução. Não se trata mais de organizar grandes massacres em nome de princípios mortíferos supostamente exteriores e superiores à humanidade, mas de preparar o futuro daqueles que mais amamos, ou seja, das próximas gerações.

Este livro foi impresso no
Sistema Digital Instant Duplex da Divisão Gráfica da
DISTRIBUIDORA RECORD DE SERVIÇOS DE IMPRENSA S.A.
Rua Argentina, 171 - Rio de Janeiro/RJ - Tel.: (21) 2585-2000